新时代高校思政育人理论体系研究

范彬 著

吉林大学出版社
·长春·

图书在版编目（CIP）数据

新时代高校思政育人理论体系研究 / 范彬著 . -- 长春：吉林大学出版社, 2021.12
ISBN 978-7-5692-9789-8

Ⅰ.①新… Ⅱ.①范… Ⅲ.①高等学校—思想政治教育—教学研究—中国 Ⅳ.① G641

中国版本图书馆 CIP 数据核字 (2021) 第 265354 号

书　　名	新时代高校思政育人理论体系研究
	XINSHIDAI GAOXIAO SIZHENG YUREN LILUN TIXI YANJIU
作　　者	范　彬　著
策划编辑	董贵山
责任编辑	董贵山
责任校对	殷丽爽
装帧设计	王　斌
出版发行	吉林大学出版社
社　　址	长春市人民大街 4059 号
邮政编码	130021
发行电话	0431-89580028/29/21
网　　址	http://www.jlup.com.cn
电子邮箱	jldxcbs@sina.com
印　　刷	天津和萱印刷有限公司
开　　本	787mm×1092mm　1/16
印　　张	11.25
字　　数	201 千字
版　　次	2022 年 5 月　第 1 版
印　　次	2022 年 5 月　第 1 次
书　　号	ISBN 978-7-5692-9789-8
定　　价	72.00 元

版权所有　翻印必究

前　言

思想政治教育育人工作成效不仅关乎高等学校学生人格的健全和全面发展，对于我国的发展也有着至关重要的作用。在新时代，构建内涵、目标、过程等都全面丰富的高等学校思想政治育人理论体系是应对世情国情对高等学校人才培养提出的新要求，是立足国家政策文件和高等学校实践，推进高等学校思想政治育人工作一体化发展的必由之路，是提高我国高等学校人才培养素质、完善高等学校人才培养体系、提高社会主义高等学校国际影响力的有力手段。当前，我国高等学校育人模式中仍面临育人主体的育人热情尚未完全唤醒、育人资源的思想政治教育功能尚未完全激活、育人体系的联动效应尚未完全发挥等现实困境。为解决这一问题，真正实现高等学校全方位思想政治教育育人体系，我们必须强化立德树人的价值导向，明确挖掘育人资源的主要任务，并打造党政齐抓共管的管理格局，完善制度体系、理论研究、高等院校教师队伍、协同育人于一体的保障机制，优化长效性激励、监督、评价的反馈机制。

本书共分五章。第一章内容为高等学校思想政治教育概述，主要从两方面进行了分析，分别是高等学校思想政治教育现状解读、高等学校思想政治教育理论探究。第二章内容是高等学校思想政治教育育人体系研究，分别从高等学校思想政治育人体系概述、高等学校思想政治育人体系内涵、高等学校思想政治育人体系价值这三个方面展开了论述。第三章内容是高等学校思想政治教育体系建设策略，分别从高等学校思政教育体系建设原则与内容、高等学校政治思想政治教育体系建设途径两方面进行具体分析。第四章内容是高等学校思想政治体系与新环境结合，包括新环境下高等学校思想政治体系的灵活建设、新时代高等学校思想政治体系建设的实践创新这两方面。第五章是高等学校思想政治教育评价体系的建设，包括高等学校思想政治教育评价概述、高等学校思想政治教育评价体系建设两方面的内容。

在撰写本书的过程中，笔者得到了许多专家学者的帮助和指导，参考了大量的学术文献，在此表示真诚的感谢。本书内容系统全面，论述条理清晰、深入浅出，但由于笔者水平有限，书中难免会有疏漏之处，希望广大同行及时指正。

作　者

2021 年 6 月

目 录

第一章 高等学校思想政治教育概述 …… 3
第一节 高等学校思想政治教育现状解读 …… 3
第二节 高等学校思想政治教育理论探究 …… 19

第二章 高等学校思想政治教育育人体系研究 …… 25
第一节 高等学校思想政治育人体系概述 …… 25
第二节 高等学校思想政治育人体系内涵 …… 40
第三节 高等学校思想政治育人体系价值 …… 43

第三章 高等学校思想政治教育体系建设策略 …… 49
第一节 高等学校思政教育体系建设原则与内容 …… 49
第二节 高等学校政治思想政治教育体系建设途径 …… 56

第四章 高等学校思想政治体系与新环境结合 …… 121
第一节 新环境下高等学校思想政治体系的灵活建设 …… 121
第二节 新时代高等学校思想政治体系建设的实践创新 …… 133

第五章 高等学校思想政治教育评价体系的建设 …… 151
第一节 高等学校思想政治教育评价概述 …… 151
第二节 高等学校思想政治教育评价体系建设 …… 169

参考文献 …… 175

第一章　高等学校思想政治教育概述

本章针对高等学校思想政治教育进行了概述，分别从高等学校思想政治教育现状解读、理论探究这两个方面展开探讨，以使读者对于高等学校思想政治教育的相关内容有一个大致的了解。

第一节　高等学校思想政治教育现状解读

高素质人才主要是由高等院校来输送。在高等学校的教育质量中，思想教育的质量不仅关系到高等学校的教育水平，而且在高等学校学生发展中起着不可估量的作用。如何认清高等学校思想教育工作中遇到的问题的本质，提出解决这些问题的方法，使学生在服从学校的教育管理的前提下获得思想政治水平的提高，这是每一个高等学校工作者都应该思考的问题。新时代下加强高校思想政治教育的迫切性，要求广大思想教育工作者要精准把握各学段思想政治教育的定位，深刻秉承思想政治教育特征，创新各种资源的运用思路，这也是推进思想政治教育内涵式发展的积极举措。

一、相关概念的探究

（一）思想政治教育

思想政治教育，指的是利用一定的思想观念、政治观点以及道德规范对社会成员施加有目的、有组织、有计划的教育影响，以促进社会成员形成符合社会一定标准要求的思想道德品质，从而发展外化为推动社会发展的正向自觉行动的社会实践活动。

（二）高等学校思想政治教育工作体系

高等学校即高等院校，包括综合类大学、专业类大学、专科院校、高等职业技术学院等。高等学校思想政治教育指的是高等学校教职工以高等学校学生为教育对象，以马克思主义理论的思想观念、政治观点以及道德规范为基础，以培养社会主义建设的合格建设者与接班人为最终目的和归宿的实践活动。当前我国高等学校思想政治教育工作主要包括两个方面的内容：一方面是国内各大高等学校均设置了思想政治课程，专门对高等学校学生开展思想政治课程理论知识的系统教学工作，由高等学校专职思想政治教师对学生进行显性教育；另一方面为高等学校日常思想政治教育活动，主要是在日常管理、活动教育中对高等学校学生进行隐性教育。前者属于高等学校思想政治教育工作的主要渠道，后者属于高等学校思想政治教育工作的主要阵地，两者是互为联系、互为支撑、互相影响，以育人为主线而组成的整体，呈现体系化的特征。

二、高等学校思想政治教育中出现的问题

当前，我国的思想政治教育取得了长足进步和丰硕成果，但也存在一定的问题。一般来说，思维的起点决定思考的结果，把握概念应该从问题着手。无论是从理论上深刻理解高等学校思想政治育人体系，还是在实践中扎实推进高等学校思想政治育人体系，都必须明晰高等学校思想政治育人体系的问题指向，从而精准把握高等学校思想政治育人体系的实践要求。也就是说，我们绝不能仅仅把高等学校思想政治育人体系作为一个新概念和新术语来看待，而应清晰把握高等学校思想政治育人体系意欲破解的思想政治教育目前面临的哪些困境和问题，思考高等学校思想政治育人体系如何构建才能提高思想政治教育的针对性和有效性。为此，作为高等学校思想政治教育工作者，应该以学生为核心，逐步从思想、理念、主要手段等多方面来进行体系的构建与创新、完善，调动学生发展的能动性与发展的创造性，以人性化、个性化的主要手段来对学生进行教育与指导，帮助学生更好、更全面地发展。下面我们来具体分析一些思想政治育人体系的教学现状。

（一）高等学校学生的参与感不强

高等学校学生作为具有独立自主意识和基础知识储备的个体，其知识的吸收和理论的建构不是一个单向度的被动接受过程，而是在对所接触信息的理性选择中发展培育起来的。

虽然在思想政治教育的理论研究和探索中都对学生这一对象的主体地位给予了充分的肯定和拔高，但事实上，在传统教育思想、灌输式的影响下，高等学校学生在思想政治教育工作中往往参与感不强，缺乏学习动机。

同时，在社团活动中，受管理体制的束缚，学生自身的兴趣和需要得不到充分满足，不利于培养学生的组织、协调、创新能力，充分发挥其作为主体的主观能动性。此外，高校对于学生思想政治素养的评价很多时候还停留在考试的层面，这也导致高等学校学生难于提升学习的主动性，进而不能参与到教学活动中。

（二）思想政治教育实施者的不足

思想政治教育实施者自身或者说受到外部条件的制约还存在很多的不足，具体来说，主要包括以下方面。

1. 缺乏主动性

高等学校思想政治教育实施者主要包括高校思想政治理论课教师、高校专业课教师、辅导员、党务工作者、管理、服务人员及学生。这些人员能否明确自身角色定位，充分发挥积极性、主动性和创造性关乎高等院校思想政治课教学成效和队伍建设质量，但当前这些人员自身发展的主动性不足，表现在很多的方面。

最明显的是他们作为育人主体的育人热情尚未完全唤醒，育人的主体性、能动性发挥受限。辅导员、班主任作为高等学校学生成长之路的引领者、指导者，被事务管理者角色所替代，在处理班级和学生的日常事务时也只是就事论事，对当下产生的结果进行处理和止损，而对事件发生的背景、过程、推动因素和其中暗含的思想行为倾向关注较少，实质问题得不到根本性的解决；党务工作者在发展人才、制定活动计划时疲于应付过于繁杂的流程，在唤醒校园特色、贴合人的全面发展规律，充分调动师生参与积极性这一方面的工作捉襟见肘。高等学校管理呈现"行政化"的特点，管理人员在日常工作中通常以稳定、有序、绩效为基本追求，在制度体系、管理主要手段的选择上尚不能满足时代的需要以及学生的期待和需求。高等学校在提升服务水平，推行服务社会化的过程中，忽略了后勤人员自身素质的建设。服务人员在市场经济的影响下，以利益作为工作导向，片面注重物质供给，忽视精神涵养。

笔者分析原因发现，在众多原因中奖惩机制不健全是很大的一个原因，导致他们创新动力不足。很多高等院校教师深陷教和考的小天地，无法准确把握思想政治课程的教学功能和育人价值，没能跳出教育看教育。这样只会离最初的立德树人使命、促进学生自由而全面发展的目标渐行渐远。

2. 高等院校教师不够重视

首先，高等院校思想政治理论课教师和高等院校专业课教师在教学和科研的双重压力下，任务繁重，始终以教学大纲、书本内容为依托，以传统考试为主要落脚点，以专业知识、技能教授为本位。对学生个体的需要认识、理解不到位，易沦为没有思想、没有感情的教书机器，将"育人"这一过程异化为机械地传递、灌输的行为，不利于学生的全面发展。

高等院校思想政治理论课教师是思想政治队伍建设的主体，其充分发挥自己主观能动性，全身心投入队伍建设，不仅对自身专业化成长极为有利，而且对推进高等院校思想政治理论课改革创新也有重要的作用。意识引导行动，高等院校思想政治理论课教师除了教授理论知识外，还肩负着立德树人的使命，承担着人生导师的角色。但目前存在部分高等院校教师发展动力不足的情况，表现为思想不够重视，责任意识淡薄，工作标准不高，没能认清自身角色定位，对党中央和地方教育行政部门下发的关于高等院校思想政治理论课教师队伍建设的政策文件和新课程标准没能真正领会其核心要义。

其次，很多时候，高等院校思想政治理论课教师忽视了自身角色的政治属性。高校思想政治理论课是教育的重要组成部分，倘若高等院校思想政治理论课教师从内心深处并非真正认同、理解、把握所讲授的内容，自身理想信念都不够坚定，无疑会减弱这一传导的力度，从而影响教育效果。高校思想政治理论课具有鲜明的政治意识形态教化功能，要求每一位高等院校教师都应该树立政治信仰，坚定政治信念，具备较高的政治素质，学懂弄通政治理论，将政治性放在首位。让懂政治的人讲政治，让有信仰的人讲信仰。然而，当前很多高等院校教师忽视了思想政治理论课的政治属性，没能认识到思想政治理论课是对高等院校生价值引领、人格塑造的关键力量。

笔者经过调查了解到，出现上述问题的原因之一在于高等院校思想政治课教师工作任务繁重。经分析，很多高等学校的高等院校教师认为他们发展的主要瓶颈是大量的时间耗费在应对学校检查上。这也是很多高等院校教师在教学工作中感到最苦恼的事情，他们觉得自主时间较少，学习时间不够，学校琐事工作太多，影响教学工作。这说明当前高等院校思想政治理论课教师面临学校琐事繁杂的现状，没有充足的时间和精力投入教学工作中去。

只有精神生活的自由发展才是全面的发展，因此，高等院校思想政治理论课教师要不断丰富精神生活。此外，近年来，国家积极倡导为高等院校教师减负，大幅精简文件和会议，但落实成效欠佳，这都是高等院校思想政治课教师发展主动性不足的影响因素。

（三）高等学校自身方面的种种不足

1. 学校对于思想政治教育的投入不到位

高等院校思想政治育人体系建设最终落足点还是在学校，为保证思想政治教育科学有效地贯彻落实，需要学校党委领导班子对高等院校思想政治教育高度重视。但当前社会及学校所提供给思想政治教育的重视与社会期望不相适应。

首先，学校对于高等院校思想政治教师的职业地位没有充分重视。高等院校教师职业地位的高低关乎高等院校教师队伍的搭建和运行成效。由于长期受应试教育的影响，高等院校中也普遍存在重视知识性教育轻视思想性教育的现象。高等院校思想政治理论课教师在教学中的育人作用在考核评价中常常被忽略，严重挫败了高等院校思想政治理论课教师自身主动提升的积极性。此外，学校没能认识到高等院校思想政治理论课教师作为高等院校生思想引路人的角色，没能意识到一支强劲有力的高等院校思想政治课教师队伍对于落实立德树人根本任务的重要性。

其次，很多学校缺乏对高等院校思想政治理论课教师心理变化的及时关注。目前很多高校的青年思想政治理论课教师占比较高，大多数青年高等院校教师思想活跃，渴望成才，成就感强，需要合理引导。但很少有学校能认识到搭建一个施展才华的舞台对于青年思想政治理论课教师调动工作积极性的重要现实意义。高等院校思想政治理论课教师的生活工作压力较大，文娱活动却很少，使得部分高等院校教师无法全身心投入队伍建设当中，人力资源的价值和作用没能充分发挥。

2. 学校的措施和制度保障不完备

高校思想政治教育是一项长期的系统工程，必须有一套科学、公正的制度保证才能取得实效。但目前存在机制不完善、缺乏针对性的体系建设、评价激励机制不健全等困境。

（1）相关的机制不完善

高校作为思想政治教育的主场，在对学生价值引领、把握政治立场、塑造健全人格方面发挥着重要作用。因此，加强高校各方面的机制建设，完善相关的机制，关系到高等院校思想政治理论课育人方向和育人实效。就拿高等院校教师的发展机制来说，目前各个高校招聘高等院校思想政治理论课教师，均需要通过笔试、面试、体检等环节，以此来了解高等院校教师的专业知识、资格证书以及身体状况，整个过程比较透明合理。但对于高等院校思想政治理论课教师的政治思想、师德师风等基本素养缺乏严格审查，多是入职后了解。对于不合格高等院校教师判定评定标准比较模糊。一些高等院校教师取得编制后就握稳了"铁饭碗"，表现出自我发展动力不足，"做一天和尚撞一天钟"的状态，这对建设高质量专业化的高等院校教师队伍是极为不利的。由此可见，学校在机制和制度方面做得还是不足的。

健全的评价激励机制能产生一定的内驱作用，促进高校思想政治教育不断向专业化的方向发展。但当前很多高校的对于思政教育的评价体系较为单一，不能因地制宜地出台执行方案和学校绩效考核的专项管理办法，制定适合各方面如高等院校教师和学生的评价维度方案。以往单一地通过量化绩点来评判，没能从育人的维度去科学考量，没能突显评价主体地位和民主参与的过程，科学性不强。这种片面的评价机制，难以客观的测评出高等学校思想政治的现状，无疑是对思想政治教育的不公，使思政教育中出现各种各样的问题。此外，部分学校对思想政治教育评价体系建设存在滞后现象，认识还停留在物质需求层面，没能认识到精神需求的紧迫性，使得评价效果欠佳。

（2）体系不健全

高校思想政治教育体系涉及的方面是非常多的，完善的思想政治教育体系不仅能够提升思想政治教育的实效，还对高校思想政治的发展起到助推作用。但事实上，当前学校对于体系缺乏制度的刚性约束，在思政教育建设的细则方面没有做出符合校情的详细安排，使得一些体系建设浮于表面或不切实际。一方面，体系建设缺乏针对性，不能以学生实际需要为依据制定科学的体系。比如体系中的内容缺乏针对性的学科核心素养内涵阐释、国家大政方针政策解读、教育教学专业素养技能提升等内容。另一方面，缺乏互动式交流和科学有效的管理机制，存在流于形式的现象。这无疑让学校的思政教育效果大打折扣。

通过以上的论述可以看出，在学校方面影响思想政治教育的因素非常多。具体归纳为以下几点：

第一，顶层设计不完善。首先，一些高等学校的工作规划相对简单、抽象，思想政治政治教育的中心主题不明确，缺乏育人相关的具体目标、任务和分工说明，导致机制形同虚设，难以有效汇集思想政治教育力量。具体来说各部门各机构受困各自所处领域的既有制度、体系和语言习惯，教育惯性影响其难以突破，各育人资源配合度不高，缺乏信息沟通，育人功能出现重合，系统内部产生摩擦和内耗，子系统间不但没有组成互为补充、互为支撑的稳定结构，相反还消减了育人合力的生成。其次，过度依赖国家政策、文件的指导，教学决策和推广生硬，缺乏自主性，与当地地方特色、校园文化历史和生源质量水平结合不紧密，思想政治教育工作的适应性不足。此外，相应的监督、评估和激励保障机制不统一，思想政治教育工作的内生动力不够，难以实现真正意义上的合力育人。

第二，投入配比不协调。思想政治教育工作不管从其本质、特性和教育的内容方面来看，都属于软工程，但在教育过程中和主要手段的使用选择上需要依赖相应的硬性条件作基础。目前我国高等学校大多设有思想政治教育专项经费，但在经费的申报、审核、使用、监督程序中绩效导向微弱，经费的利用效益不高，专职思想政治理论课教师、辅导员等的待遇较专业课老师不足，相关教育平台建设进度迟缓，与客观需求不符。另外，大多数高等学校在专职思想政治理论课教师、辅导员的人员配比中严重失衡。人的精力是有限的，在面对基数大、差异大的学生群体时，思想政治教育工作的针对性和有效性将会大打折扣，常常在问题出现时会有人员缺位的情况。

综上可见，高校思想政治教育面临着极大的挑战，这对思想政治教育提出了新的要求，即如何以最好、最优的策略来增强各方面主体与客体对思政教育的持久性，进而更好地促进学生在思想道德素养方面获得更好的发展。

3. 意识形态教育方面的问题

高等学校思想政治教育自身存在多方面的不足，这就导致思政教育会面临外部与内部的挑战。具体来说，高等学校思想政治教育的不足表现在以下方面：

第一，学生意识与教育目标间的冲突。学生对思想政治教育的认知及对思想政治教育的重要性认识不足。抛开社会化价值观念及要求的规制，毫无疑问，人们对一件事情能持之以恒并把其视为兴趣爱好般去实践的动力在于"利己"，读书的目的也摆脱不了"利己"的逻辑冲动。那么，思想政治教育所能够带给学生的与步入社会所要求的显然存在巨大的落差。一方是培养社会化要求所应具备的各种素养的人，这更多的是一个内在丰富的过程，是回应社会化要求以及自我发展的跃升，是通过"内化"的"对己"而非"对人"，是个体化世界的完善过程，最终通过"外化"展现于外界；另一方是用人标准的实用化，各种性质的社会组织的用人标准是效率，效率背后是知识、技能变现带来的利益，在这里，利益是首要考虑的，而关乎个人内在世界及外在行为的要求退而求其次，只要不逾越基本底线即可。这样的双向标准所造成的实际落差，对于在学学生来说，无疑会降低思想政治教育在其心里的含金量。同时，从长期的传统思想政治教育实践来看，由于传统思想政治教育所具有的某些弊端，比如过程的灌输化、刻板化，教育内容的高度理论化所导致的晦涩难懂等，使得学生对思想政治教育存在偏见，不少学生认为思想政治教育是在"说教"，认知上的偏见和不足，导致学习行为上的打折，进而直接影响教育效果，对教育模式、内容存在一定程度的偏见与抵触，已经让部分学生对意识形态教育关上了"门"，其效果显而易见。

第二，错误思想观念、价值观对学生的误导。当然，错误思想观念及价值观对于学生来说并非与生俱来，而是伴随着互联网的发展以及自己切身的社会见闻，受到一些错误的思想观念冲击的结果。其一，学生作为独立的社会化个体，在其接触的社会生活中，他们通过直接的接触或者间接的了解对世界进行认识，在这一过程中，会目睹一些灰色的事情，见证"有钱能使鬼推磨"的现实版，或者从亲人、朋友口中听到"别人家的孩子"，听到更多的是某人学某个工科专业在哪里上班挣了多少钱，而不是吹捧某个人的文职工作做得有多好，长此以往，学科偏见、实用主义、金钱至上、唯利是图的错误价值观养成，影响学生健康成长。其二，网络世界错误思潮对学生造成误导。网络的发展，无疑是最大限度地扩大了个体生命的厚度，通过网络，每个人都可以感悟不同的人生，纵向对比，当代人活出了比过去的人更丰富的人生，这是网络发展给人们生活带来的好处。当然，网络也携带着一些思想杂质进入人们的世界，曾经遭受全网攻击的"宁愿坐在宝马车上哭，不愿坐在自行车上笑"的拜金主义，"我爸是某某"的裙带宣言，等等，这些事件让高等学校学生对未来、对人生进行再思考，而高等学校意识形态教育无疑会遭受这些错误思想杂质的冲击，面临学生的质疑和拷问，而实际生活中的种种碰壁，无疑会让直接矛头指向公共思想政治教育课教育。而面对这些问题，从公共思想政治教育课教育中习得的智慧更多是指引性的，但事实上实际性问题的解决，公共思想政治教育课教育形塑的那些人生观、价值观显得有些力不从心，这种反差，又强化了错误思潮在学生认知中的地位，更相信金钱、权力、关系而不是依靠真才实学发挥不同学科专业的社会功用。

第三，思想政治教育主阵地作用逐渐弱化。如今互联网及其终端的不断发展，以及其在高等学校思想政治教育中的运用，正使其优势不断分流课堂的关注度和吸引力，可以这样肯定：课堂作为高等学校思想政治教育主阵地的作用不断弱化是事实性的，这种结果是互联网及其终端具有的对比优势及其对学生造成的"异化"

作用共同造成的。实际上思政课堂是指传统的课堂教育，高等院校教师依据教学计划、教学大纲，在规定的教学时间里进行的课堂教育教学活动。高等院校教师通过课堂给学生传授专业知识、技能技巧。课堂以传授知识为主，是高等学校教育的主渠道、主阵地。

第四，"课程思想政治教育"建设中的同向同行问题。在教学目标设定上，培养全面发展的社会主义建设者和接班人是思想政治理论课和其他专业课程的目标。但事实上，从实际的教学来看，多种因素致使思想政治理论课在目标培养中的作用被人为"轻视"，没有得到与其他专业课程价值的同等对待。同时，随着高等学校开展"课程思想政治教育"建设，又引发了两种错误认知。一种是扩大思政课功能、窄化专业课功能的论调，认为思想政治理论课承担了立德树人根本任务，而专业课只是传递专业知识；一种是认为专业课可以发挥思想政治理论课的教育功能，进而认为可以取消思想政治理论课，用通识课进行隐性教育。两种论调都是错误的，前一种是对思想政治理论课功能的泛化和专业课功能的窄化，事实上把思想政治理论课与专业课相辅相成的关系看成对立的，后一种论调导致的结果是高等学校思想政治教育主阵地、主渠道的丢失，两种论调在思想政治理论课与专业课协同发挥育人功能这一认知的同向同行问题上产生了歧义，两种论调都设置了陷阱，二选一都是错，只有充分认识思想政治理论课与专业课协同育人关系，才能更好地开展"课程思想政治教育"建设，充分发挥思想政治理论课与专业课全员、全程协同育人作用。

4. 由网络化带来的异化现象

从思政课堂的定义及实践可见，思政课堂在实施上受到严格的时间、空间限制，它要在特定的场所（学校的教室而不可以是其他随意的地方，否则大概率会被视为"教学事故"）、特定的时间开展（毕竟对于高等院校的学生群体要学习的是全方位的知识而非只有意识形态教育知识，需严格按照课程表开展），而通过互联网及其终端开展的教育，只要条件允许，是不受时间空间限制的，可以随时观看、回放、提取，充分利用碎片化时间进行学习，达到同等时间对更多知识的获取；从教学过程来看，思政课堂显得刻板、沉闷、单色调，加之内容严肃、晦涩，很难调动学生参与学习的积极性、主动性，相反，通过互联网及其终端开展的教育，通过动态的视频、图文并茂的课件以及轻松化的学习环境，能够调动学生的学习兴趣，达到预期教育目标；从教学方法来看，思政课堂几乎采取按部就班的、"讲授式"的灌输教育，高等院校教师主导了整个教学过程，而学生在主体作用的发挥上还远远不够，无法发挥现代教育应有的"教学相长"效用，而通过互联网及其终端的教学，以丰富的形式一改课堂按部就班、"讲授式"的风格，解放了传统的严格的师生定位，尊重了教与学主体的意愿，调动了教学双方的积极性；从教学结果来看，由于思政课堂对学生吸引力不够，使得思政课堂上出现"低头族"、"隐性逃课"（特指那些在课堂上人在曹营心在汉的学生）现象屡见不鲜，教学实效不理想，而互联网及其终端则能有效地调动学生的学习兴趣，在可控前提下发挥最好的教育效用，既吻合了学生对互联网及其终端使用的渴求，又达到了知识教育目标，可以说，在可控前提下，把互联网及其终端用于高等学校教育是一举多得的。

当然，我们也应该明确这样一个事实性问题：高等学校学生对互联网终端产品的过度使用已经造成了一定程度的"异化"现象，也消减着"第一课堂"在学生教学中的主阵地作用，这种消减是通过分流学生学习时间、精力，控制学生学习生活意向达成的。"异化"在马克思主义整个理论体系中是一个很重要的概念。异化是人的物质生产与精神生产及其产品变成异己力量，反过来统治人的一种社会现象。随着我国经济社会的不断发展，科技水平、社会生产力不断提高，像手机等移动设备由曾几何时的高档耐用品转变为人们的一般生活用品，尤其是作为高等学校的学生群体，具备使用移动设备的素养，手机是生活必需品，一部手机可以解决衣食住行诸方面问题，更能构成诱惑的是，手机上的各种 APP 所提供的娱乐服务更是让部分学生达到"娱乐至死"的地步，甚至部分学生玩手机入迷导致学业荒废，成为"问题学生"。这些学生与手机的关系定位已经达到了转换的严重地步，也就是"异化"的地步，这不仅严重剥夺了学生的学习时间和精力，更可怕、致命的是学生长时期沉迷于网络世界，将造成严重的厌学情绪，甚至丧失应有的同龄群体所具有的认知水准。可见，互联网及其终端发展为教育发展带来新机遇的同时，也带来了消极影响。

正是基于学生对手机的使用不当所导致的"异化"现象，使得课堂"低头族""隐形逃课"有增多的趋势，其中有"游戏派"，在王者荣耀、吃鸡、NBA2K 等游戏世界"畅游"，寻求虚拟世界的存在感，也有"社交达人派"，通过各种交友平台发展男女朋友关系或者其他不正当关系，还有"吃货穿搭派"，用与自己条件严重失衡的消费观念进行精致的消费，在"淘宝"的同时，也在为自己的未来"埋雷"或者"涉雷"，由于过度消费引发的校园悲剧屡见不鲜，在荒废学业的同时，也预支、透支了自己的未来。

（四）资源的运用方面有所缺乏

高等学校思想政治教育工作，以思想政治理论课课程挑大梁唱独角戏为主，往往局限在思想政治课堂之内，教学视角比较狭窄，对专业课、通识教育课程等的利用率不高，在教材内容、主要手段、组织结构上没有体现应有的育人价值，长期处于从属地位，缺乏专门的理论性材料作支撑，重形式轻内涵，学生的热情高但收获低，导致育人效果延续性不强。科学研究活动可以容纳的学生有限，以业务工作为主，主体间紧密性不够，导师的科研目标站位较低，道德示范作用不明显，育人缺乏目的性、计划性。由于缺乏专业团队支撑，网络思想政治教育在执行层面存在运营难、内容空的现象，其传播速度快、及时高效的特点得不到充分发挥。在心理育人层面，育人主要手段单调且缺乏系统性，相应的专门化的心理课程、活动和社团较少，高等学校学生能接触的心理教育频次低，严重制约着育人效果。在日常教学活动中，对隐性思想政治教育认识不够具体，浮于表面，在这点上这不利于思想政治教育工作的全面渗透和作用。高等学校的管理工作一般说来呈现自上而下的管束和控制，缺乏对学生、高等院校教师的人文关怀，民主气氛得不到充分展现。后勤服务缺乏与学生的交流，食堂寝室等地方重硬件修缮，轻软件熏陶。学生资助工作仅仅停留在解决物质需求，在评估、审核过程中以学生的物质条件贫乏与否为主要切入点，忽视学生的人文精神缺失，供给方向单一，缺乏针对性。组织育人在从上级向下级延伸传递时育人效果"层层递减"，基层组织在地位上往往被边缘化，整体性不明显。

比如，教材体系内容中的问题突出。首先，思想政治教育课程内容设计在系统性、连续性上的不足，这种课程内容在不同层次教育中的"再现"以及在同层次教育中各课程中的交叉重复存在的现象，造成了学生学习压力不够或者对学科、课程的认知狭隘。学校思想政治教育课包括小学思想品德课、中学思想政治课、高校马克思主义理论课，这是中共中央于1985年印发的《关于改革学校思想品德和政治理论课程教学的通知》中对思想政治教育课有机构成的政策规定。[①] 从人的认知规律来看，教材内容安排应该是由低年级向高年级由易到难、由浅入深的循序渐进安排。然而，从现行的三个层次教材的编写来看，仍然存在着一定的重复，这种重复，就是没有处理好教育内容在层次、深度上的安排，是内容在系统性、层次性上设置的不足之处，尤其是当学生到了高等教育阶段，发现思想政治理论课教育内容中那些在低层级教育中已经出现过，无疑会在学生心中形成思想政治

---

① 中国共产党中央委员关于改革学校思想品德和政治理论课程教学 的通知.1985年.

理论课简单的认知，同时造成学习压力不够，进而造成学习动机的危机。当然，同层级课程中内容的交叉重复现象，也对课程内容编写提出了挑战，从内容的内在逻辑性、完整性来看，有的内容重复是必需的，比如《毛泽东思想和中国特色社会主义理论体系概论》与《中国近现代史纲要》中关于新民主主义革命和社会主义革命的内容，二者具有内在逻辑连接性、承继性，如果为了规避课程间内容的重复而进行删减，那么内容的完整性、逻辑性将得不到保证，教学效果也难以达成。

此外，教育主要手段与学生发展需求的协同不够。当前高等学校意识形态教育的主要手段，是多媒体化与传统模式的结合，但究其本质来说，仍是传统意义上的，高等学校意识形态教育通过多媒体作为媒介，仍然局限于高等院校教师主导的课堂理论知识教学，是名副其实的理论灌输教育方法。这种教育主要手段，一方面受学生的认知偏见左右，使得其效果有限，另一方面，这一教育主要手段并未对学生真实的发展变化给予应有尊重，新时代的高等院校的学生具有较强的实践勇气和实践能力，敢于展现自我，而展现自我需要平台。但事实上，高等院校教师过度地主导课堂，采取灌输式教育方法导致学生参与度不足，长此以往，很难提升学生对意识形态教育的认同度和实效性。除此之外，高等学校意识形态教育考核标准单一，主要是考核制，这种考核制的意义反馈价值相对有限，因为学生为了不挂科，可以利用几天时间去"主攻"，但事实上，考试过了之后这种教育的作用就会微乎其微，因此，探索新的、更全面的考核方法，也是增强意识形态教育效果的有效方法之一。

系统是马克思主义唯物辩证法中的重要范畴。系统之所以具备各子系统不具备的功能的原因，在于系统中内含各子系统之间的相互联系、相互制约、相互影响的关系，而系统整体性功能的发挥也正依赖于各子系统之间的良性互动。但目前高等学校各育人资源之间缺乏联系，呈现各自为政的松散体态，体系的合力作用收效甚微。

三、思政教育面临的外部挑战

某些实质性变化具有牵一发而动全身的功用，进而引发一系列新行为、新动向，高等学校思政教育作为高等教育的重要组成部分以及国家安全工程的基础性实践，面临着一系列挑战。

（一）全球化、网络化的影响

毫无疑问，全球化、网络化一方面成为推动人类社会整体进步的重要力量，但也必然带来一些负面问题。那么，应该如何看待全球化、网络化发展对我国高等学校意识形态教育的影响呢？对此，我们应该对这一问题保持两个认知：一是客观认识全球化、网络化发展是不可逆的历史进程；二是理性接受全球化、网络化发展对我国高等学校思政教育的冲击。

全球化、国际化教育带来了有利条件，域外的教育模式、教育方法等，可作为对比的教育资源。但事实上，全球化、国际化意味着教育大门的开放，伴随着"胡萝卜"而来的，还有一些对高等学校思政教育具有严重消极影响的意识形态"大棒"。严谨地看，我国的发展选择决定了对外开放的大门，这决定了受到域外思潮的消极影响具有某种不可避免性，全球化、国际化发展事实上具有这种渠道功用。因此，我们必须用辩证唯物主义的精神清醒认识全球化、国际化对我国高等学校思政教育的作用。

全球化、网络化发展是客观历史进程。每一生产主要手段的革命及其成为社会决定性生产主要手段的出现，都决定着人类社会形态、性质的变迁。刀耕火种的生产主要手段是原始社会存在的基础，铁犁牛耕孕育封建社会的漫长历史，机器轰鸣的现代生产孕育资本主义文明，以网络为载体的人类社会新发展，是社会发展客观规律向前演进的结果。

翻开历史，中国是一个曾经吃过开历史倒车的大亏的国家，清朝后期，中国仍然是世界级大国，但事实上由于政治僵化、经济自足、文化保守等的积弊发展，中国并没有以一个开放的态度融入世界潮流之中——工业化发展，而是以天朝上国自居傲视环宇，这种故步自封的国风让中国逆世界潮流而行。而后的历史告诉我们，当积贫积弱的农业文明遭遇来自机器轰隆的工业文明的挑战时，农业文明随即败下阵来，中国由此开始了政治、经济、文化遭受列强全面侵略的历史，一部中国的近现代史就是一部载入史册的光辉的卫国史和立国史，更是一部血淋淋的屈辱史。历史不会重演，但总会惊讶地相似。习近平总书记强调以史为鉴、开创未来，伴随着我国全方位的和平崛起，我国在国际事务中扮演着越来越重要的作用，正日益走近世界舞台的中央，成为全球化的有力推动者和拥护者，是逆全球化、各种保护主义的重要反对力量，这些都是历史的智慧和经验在今天的实践中的再现，只不过这一次中国不是被迫加入，而是有力主导，基于此，全球化、国际化发展是我国力主的国际发展理念，更是趋历史之大潮的必然选择。

(二)各种不良思潮的影响

1. "新自由主义"的曲解

"新自由主义"是一种以经济理论面貌出现的意识形态理论,是披着学术性外衣的意识形态理论,具有极大的隐蔽性、迷惑性,尤其是高等学校学生中的青年学生往往受其蒙蔽而不自知,世界观、价值观因受其影响而逐渐偏离了社会主义核心价值观。客观地讲,新自由主义思潮推崇的个人自由、自我实现等观点及对私有经济的重视等,对我们有着一定的积极意义。但事实上,必须认识到,新自由主义在本质上是为资本主义服务的,它从根本上否定社会主义,在世界观、价值观、人生观上诱导青年学生接受西方资产阶级自由化思想,从而产生了很多负面影响。

2. 两种意识形态与制度的比较

西方国家习惯于以怀疑主义思想看待非西方社会,我国的道路选择决定了我们不可能被资本主义真心地"接受",第二次世界大战以来,苏联作为一个具有世界影响力的挑战者出现于资本主义的天下,作为社会制度异己对资本主义造成前所未有的压力,而后有了以美苏为首展开的长达数十年的博弈,最终前苏联解体收尾,横亘在资本主义世界的"异己"倒下了。但事实上,社会主义并没有停止发展的步伐,而是以另外一种具有全新面貌、全盛生命力的模式出现,让世界为之震撼,资本主义对社会主义围追堵截的程度,实际上取决于社会主义对已有国际秩序的挑战能力。

在整个西方资本主义世界,1989年和1991年(1991年12月26日苏联解体)无疑都是值得欢呼和庆祝的,值此历史大背景下,根源于古典自由主义的新自由主义走上历史的前台,新自由主义在政治、经济理论、战略政策以及价值观上都有鲜明主张。经济思想提倡自由化、私有化和市场化;政治理论要求否定公有制、否定社会主义、否定国家干预;战略政策上主导以超级大国为主导进而实现人类全面一体,换言之,就是全人类的资本主义化、西方化和美国化;当然还包括个人主义的价值观。很显然,新自由主义在本质上是反社会主义的,用私有反对社会主义公有,用绝对市场化反对国家有效的计划和干预,用国际贸易的自由化掩盖国际贸易的不平等,用个人主义价值观反对集体主义价值观,尤其是在战略政策层面要求以超级大国为主导的全球全面一体化更是赤裸裸地宣称世界"姓资"。这种霸权逻辑和霸权论调不仅是对社会主义的蔑视,更是对社会主义的宣战。加之在社会主义建设过程中存在一些阶段性问题,新自由主义思想难免会在我国高等学校具有一定的市场，也必然会对高等学校意识形态教育造成消极影响。

当然，全球资本主义民主论和意识形态终结论比新自由主义来得更早些，第二次世界大战后，当全人类的敌人法西斯退出历史舞台后，在战争中不断强大的美国随即以社会性质的不同而向社会主义发难，整个美苏冷战的结果，东欧剧变和苏联解体都是以美国为首的资本主义世界推行全球资本主义民主的阶段性"成功"。其间有1950年爆发的朝鲜战争，1955年至1975年的越南战争，冷战后还有1999年轰炸南联盟，2001年的入侵阿富汗战争，2003年的攻打伊拉克战争，以及2011年刮起的"阿拉伯之春"运动，都是针对被其视为政治民主上的"异己分子"的国家。当然，中国也一直遭受来自资本主义阵营的"西化""分化"压力。而提及西方的意识形态终结论思潮，梁建新如是评析道："意识形态终结论思潮所共有的资产阶级唯心史观的哲学基础、反社会主义意识形态的政治倾向、西方中心主义的价值诉求、盲目乐观主义和文化帝国主义相混合的文化心理。"[1] 客观而准确地对这一思潮做出了认识和评价，反驳了这一思潮的假设性。

同时，提及意识形态终结问题，就不得不想到以下一连串的学者及其作品，从1954年法国学者雷蒙·阿隆（Raymond Aron）发表《意识形态的终结》一文，再到美国学者丹尼尔·贝尔 (Daniel Bell) 于1964年出版《意识形态的终结》一书[2]，而后再到具有美国政治学者萨缪尔·亨廷顿 (Samuelp Huntington) 在1996年出版《文明的冲突与世界秩序的重建》一书和弗朗西斯·福山（Francis Fukuyama）于1992年出版的《历史的终结和最后的人》一书，这些学者及其作品，无一不是在曲解、攻击社会主义意识形态，并宣扬资本主义意识形态是整个人类意识形态的终结，其用心所在是显而易见的，就是消弭人们对社会主义、马克思主义的信仰，达到意识形态上对"异己"的"西化"目的。

20世纪以来，目睹我国全方位崛起的既成事实，资本主义世界故技重施，杜撰所谓的"中国崩溃论""中国责任论"这些莫须有的论调，这些论调是西方世界对事实的恐惧和无奈在意识形态上的集中表达，尽管我国的和平崛起对于人类社会来说是福音，实践已经证明并将继续证明这一福音的真理性。但事实上，资本主义世界是戴着有色眼镜看待中国崛起的，他们把中国崛起与他们的关系类比为"修昔底德陷阱"式的，把中国的强大视为对自己的挑战和威胁，然而现实却是，我国的综合实力让其不能再以传统的战争为主要手段消除威胁，无奈之下只能以舆论上造谣、意识形态上污蔑为主要手段围堵、压缩我国的发展空间，制造我国与周边国家的地缘紧张气氛，搞乱我国国际发展路线。而"中国崩溃论"则更是

---

[1] 梁建新. 意识形态：文化影响力系统结构的核心 [J]. 社会主义核心价值观研究，2019，5（03）：40-48.
[2] 丹尼尔·贝尔. 意识形态的终结 [M]. 南京：江苏人民出版社，2001.

滑稽可笑。

高等院校学生的意识形态是我国社会意识形态的直接反映，也是时代发展的风向标，高等院校学生是否形成了积极、健康的意识形态将直接影响到整个社会的健康发展。如果对西方意识形态不加以防范，让其渗透到高等院校学生的主流意识中，不但会直接影响学生的身心健康，也会对我国社会的健康发展造成不良影响，甚至影响社会的长治久安。

3. 历史虚无主义的不良影响

历史虚无主义是"虚无主义"的衍生词，虚无主义"Nihilism"最早源于拉丁语"Nihil"，意指"什么都没有"，在其后的西方发展中，"虚无主义"与历史嫁接形成一种否定历史从而反对现实的社会思潮，那么，作为一种西方思潮，"历史虚无主义"是怎样向中国化"历史虚无主义"转化的呢？

古代中国在马可波罗的记述下成为西方海洋游牧文明海外扩张的理想之地，于是，从第一次鸦片战争伊始，近代中国开始落伍，为挽救民族和国家危机，先进的中国人开始从器物、制度、思想等层面进行探索救亡之道。但事实上，在这一过程中，由于没有科学的理论指导，进而把近现代中国落后及其遭受的灾难归咎于一整套承袭下来的古代发展模式，包括政治制度、经济发展模式、文化价值取向等，"历史虚无主义者"站在唯心的、形而上学的"历史制高点"上主张"全盘西化"而否定历史，从西方去寻求出路，由于没有正确的社会历史观，结果都没有成功。

20世纪1921年，中国共产党成立，开始把马克思主义基本原理与中国革命、建设和改革相结合，走自己的路。中国人民在中国共产党的领导下，经过数十载艰苦卓绝的斗争，中华人民共和国成立，在制度转型背景下社会主义植根中国，我国发生数千年以来最伟大的制度革命，由此解决了近百年的奋斗目标，即"站起来"的问题，实现了人民当家作主。之后，在百废待兴的国土上开展社会主义建设，在邓小平"摸着石头过河"的精神指引下，我国逐渐走出一条具有鲜明中国特色的社会主义道路，基于此，经由"站起来"向"富起来"成功跃升。进入21世纪以后，在对内改革、对外开放的基本国策指引下，我国创造了国家发展奇迹的中国版，2010年经济总量实现"超日赶美"阶段目标，成为世界第二大经济体，实现了从"富起来"到"强起来"的转变。而在实现这三个"历史三级跳"的过程中，一方面由于我国的不断发展对已有的西方主导的国际秩序形成挑战，因而西方世界为了围堵我国的发展，不断对我国进行意识形态输入，而历史虚无主义便是其中之一，目的便是培植一批对中国现有的一整套运行模式心有不满的人作为其搞乱中国的代理人。

在互联网时代，"历史虚无主义者"通过新媒体打着"学术研究"之幌子进行否定、抹杀党史、国史、军史、人民史之实，"历史虚无主义"早已由学术问题转变为政治问题、意识形态问题，从而否定新时代中国特色社会主义模式，消解人们的认同意识。在本质上，"历史虚无主义"是一种唯心主义历史观、是一种形而上学历史观、是一种维护特定阶层的历史观，历史虚无主义的要害，是从根本上否定马克思主义指导地位和走向社会主义的历史必然性，否定中国共产党的领导。

"历史虚无主义"在攻击的落脚点上表现为去中国史、去中国魂（民族精神）、去强国本（马克思主义及其中国化理论指导），表现在高等学校便是对当代高等院校的学生主流意识形态的冲击，这种冲击表现为：消解主流意识形态导致思想混乱；解构主流意识形态，西方价值观逐渐渗透，进而达成西方"西化""分化"中国之目的。

由此可见，"历史虚无主义者"用心是如此恶毒，正如晚清思想家龚自珍所言："欲知大道，必先为史；而灭人之国，必先去其史……夷人之祖宗必先去其史。"[①] 但事实上，"历史虚无主义"从出发点上就早已经和唯物主义历史观分道扬镳，且借助互联网渠道，加之少数人甘当域外邪恶势力的马前卒，充当"历史虚无主义者"进行"言论资敌"，扰乱视听、误导认知。对高等学校学生而言，通过数年教育学习所习得的历史常识已经形塑成正确的历史观，但事实上这种历史观在与"历史虚无主义者"对历史事件、历史人物的丑化、曲解化的碰撞中，难免会遭遇心理上的落差，进而对现有的教育产生怀疑，对历史产生怀疑，对高等学校意识形态教育造成不可估量的负面影响也是事实，这考验着高等学校如何巩固主流意识形态的防火墙，抵御历史虚无主义思想的消极影响。

以上的这些问题与挑战都可能导致思政教育的教学过程的实效性不强。

---

① 2014年12月13日习近平总书记在南京大屠杀死难者国家公祭仪式上的讲话．

第二节　高等学校思想政治教育理论探究

本节对于高等学校思想政治教育的理论基础进行分析，可以说，思政教育受到各种理论的影响是十分深刻的，所以，对于理论方面进行探究是十分必要的。

一、关于人的全面发展理论

（一）全面发展理论的概述

马克思、恩格斯在揭露大工业机器生产发展规律的过程中，总结了人的全面发展理论，并将其总结概括为三个主要维度，分别是人的活动的全面发展、人的社会关系的全面丰富以及人的素质的全面提升。其中人的活动的全面发展是由人的需求的以及人的能力的全面发展所构成；人的社会关系的全面丰富指的是人们的生产生活实践活动过程中逐渐结成、占有的多重的社会关系，它与每一个个体在社会生活中的发展水平具有正向相关性；人的素质的全面提升指的是智力与体力、才能及道德水平的全面发展。思想政治教育不仅旨在塑造人的思想观念，在对客体思想观念进行影响的同时指导着客体行为习惯的养成。

（二）全面发展理论教育意义

人的全面发展理论，在开展高等院校的学生思政教育的活动之中，具有重大的影响，是开展活动的重要理论依据。

马克思主义整体性理论的要义在于，整个物质世界、人类社会以及现实的所有事物都应该被视为一个整体来对待。当然，这个整体也内在地包含很多部分或者环节，这些部分和环节相互作用、相互影响，从而又呈现出整体样态。而在对事物的认识过程中，我们必须先对这些部分或环节的特性、作用、地位有清醒的认识，然后对他们之间内在联系的研究上升到对事物整体性的把握。马克思主义整体性理论要求我们在认识事物时把握认识对象的整体性，了解整体功能不等于部分功能的简单相加。

在高等学校思想政治工作中，我们同样要贯穿整体性的研究方法。传统的思想政治工作观忽略了人员与人员之间、部门与部门之间、学校与外部环境之间的有机联系，造成育人工作各自为政的不良局面。为此，应该顺应以马克思主义整体性理论来统率高等学校思想政治工作的思想，创新高等学校学生思想政治工作的有效性方式，将高等学校思想政治工作从体制上来融合成为一个整体，使每一位教职工都成为思想政治工作者，相互交流，彼此配合；使每一个工作部门都承担育人责任，分工有序，有条不紊；使每一个育人资源都得到有效利用，供给得当。在定位观上，科学地处理思想政治教育与智育、体育、美育的关系，将思想政治理论和同其他课程的育人作用整合起来，协调发挥所有育人专业的整体性育人功能，立足于高等学校学生全面发展。在操作模式上，思想政治教育工作者要着力完善育人工作的每一项机制，从领导机制到工作机制再到评价机制和反馈机制，形成一条无缝对接的整体育人流程，切实解决高等学校学生思想政治工作的整体有效性问题。

对于马克思的一些论述的创新性运用不仅体现了党对新时代思政教育工作的准确把握，而且也揭示了思政教育与党和国家的事业发展的辩证关系。把握思政教育的现实依据，即要把握思政教育的逻辑支撑和现实支撑——中国特色社会主义事业的伟大实践。具体来看，一方面，在马克思主义理论的引导下，党对教育核心问题和根本问题的认识更加深刻。"培养什么人、怎样培养人、为谁培养人"是教育的根本问题。毫不含糊地回答好这一问题，是确保中国特色教育事业向前发展的必然要求，也是思政教育的现实依据所在。另一方面，我国经济社会迅速发展，国家综合实力不断增强，日益走近世界舞台中央，越发接近民族伟大复兴，内在对合格建设者和可靠接班人的呼唤更加强烈，落实好思政教育的任务，培养一代代堪当民族复兴大任的有用人才，为实现民族复兴中国梦而接续奋斗成了必然。

要回答"为何要立德树人""何以立德树人"的问题，就要完整准确把握思政教育的思想内涵，就必须要追问思政教育的基本依据。马克思德育思想是思政教育理念和教育实践的依据。马克思非常重视对无产阶级的德育工作，重视工人阶级及其后代的德育，反对资产阶级的理论观点。之所以要重视德育，是有着深刻的理论依据的。

首先，"全部社会生活本质上是实践的"，"人的本质并不是单个人所固有的抽象物，在其现实性上，它是一切社会关系的总和"，这一科学论断为教育乃至德育地位的确立指明了方向，从"人的本质"上把握了德育的重要作用，是思政教育的根基所在。

其次，物质生活的生产制约着整个社会生活、政治生活和精神生活的过程。

不是人们的意志决定了人们的存在，相反，是人们的社会存在决定了人们的意识①，这深刻揭示了人的思想品德产生的根源问题以及思想品德对客观存在的能动作用，阐明了立德树人的现实要求，即人的思想品德形成于社会实践，并对社会实践有着能动的作用，要求在实践中要把握二者的辩证关系。

最后，共产主义不仅是马克思主义的最高理想，同时也是德育的最高理想。"代替那存在着各种阶级以及阶级对立的资产阶级旧社会的，将是这样一个联合体，在那里，每个人的自由发展是一切人的自由发展的条件。"马克思主义所描绘的人类未来社会的蓝图，是人的自由全面发展的社会。人的自由全面发展是德、智、体、美、劳各方面的发展，内在蕴含着"人的现代化"的深刻要求。这就为"立何种德""树何样人"指明了目标要求，为这一最高理想实现指明了最基本的路径与保障。

二、党的历代领导人的人才观

从我国领导人的一些重要讲话中，我们应该认识到以下重要思想：要把思想教育作为根本，坚持正确的政治方向，培养又红又专、德才兼备的人才；要采用灵活、多样化的思想政治教育工作方法，将个别与一般相结合，因材施教，做到教育内容能够为教育对象所理解和接受；思想政治教育工作要以"四有新人"作为目标和导向，并坚持"面向现代化，面向世界，面向未来"三个面向的指导方针，为思想政治教育工作的全面开展提供明确的方向；要以理服人，选择正确的方法来开展思想政治教育工作；在新时期思想政治教育工作中，要明确思想政治建设在党的建设进程中所处的核心、首要位置，思想政治教育工作应当要更加生动，这样才能够为受教育人群所接受，继而才能在源头上增强思想政治教育工作的成效；要坚持"四个新一代"观念，在全新的国内外形势之下，不仅要明确培养什么人的思想政治教育工作目标，而且也需要明确怎样培养人的思想政治教育工作路径；要坚持以人为本，从而全面调动高等学校学生对思想政治教育知识的学习主观能动性；要认识到人才是国家强盛的重要资源，高等学校要牢牢把握人才培养能力这一重要职能建设，将立德树人放在核心位置，把"构建德智体美劳全面培养的教育体系，形成更高水平的人才培养体系"②作为目标方向，培养能够担当民族复兴大任的时代新人。

我党历代领导人的人才观体现了继承性与创新性的双重统一，是符合我国的

---

① 史清竹. 马克思《政治经济学批判》研究读本[M]. 北京：中央编译出版社，2017.
② 习近平在全国教育大会上的讲话，2018 年 9 月 10 日.

基本国情和高等学校建设的发展规律的，是我国人才培养和思想政治教育工作的实践尝试与理论探索，为高等学校思想政治育人体系的价值目标与内容框架的确立提供了基本理论，是我国高等学校全方位思想政治育人体系建立的重要指针。

三、协同理论

协同理论产生于20世纪60年代，最初属于物理学范畴，其核心观点是"协同导致有序"。具体是指在系统当中每一个子系统与子系统之间要建立紧密的协同联系，推动系统内部由无序向有序转变，在宏观层面上集中各个子系统的力量，降低内耗从而打造出集体效应。我国将协同理论引入到社会哲学科学工作中的时间最早可以追溯至20世纪末期，主要是应用在德育工作之中，认为德育工作的开展过程中，要整合其他相关领域内的资源力量，进行协同合作形成合力。高等学校思想政治育人体系，要发挥出"课程、科研、实践、文化、网络、心理、管理、服务、资助、组织"等各个方面在思想政治教育领域中的价值和功能性，发动学校、学生、家庭以及社会的力量，形成教育合力。因此，协同理论与高等学校思想政治育人体系两者之间的建构的一致性使得协同理论必然成为高等学校思想政治育人体系创建的重要理论支撑。

四、"以学生为中心"的理论

（一）理论发展

约翰杜威（John Dewey）的"儿童中心论"是"以学生为中心"教育理念的来源。杜威主张我们要站在儿童的立场上，尊重儿童的兴趣与需要，不压抑儿童的天性和个性发展，将儿童视为学校生活中的起点、中心、目的。[①]他曾将这种教育上重心转移到儿童身上的变革比喻为从"地心说"到"日心说"的变革，足以见得这种教育变革的意义深远重大，它的出现为"以学生为中心"的教育理念的发展奠定了重要基础。杜威的"儿童中心论"也有一定的局限之处，它片面强调了"儿童"的重要地位，忽略了高等院校教师的主导地位以及系统讲授的重要性。之后卡尔·罗杰斯（Carl Ransom Rogers）将其用于心理治疗的"以病人为中心"的治疗理念和方法引用到了教育领域。1952年卡尔·罗杰斯在哈佛研讨会上提出的"以学生为中心"的教学理念，引发了教育界及其他社会人士、学者的广泛关注和热烈讨论。1998年，

---

① 杜威.我的教育信条——杜论教育[M].彭正梅上海：上海人民教育出版社，2017.

国外的相关人士指出，高等学校教育需要以学生为中心的新视角和新模式，教学过程的重点是学生及其他们的需要，引导学生自发地加入教育重大问题研讨、学校政策管理、课程内容改革、高等院校教师教学评价等事务中，把学生视为教学改革的重要参与者。通过观察研究世界各国的教育教学发展过程我们不难发现，"以学生为中心"的教育教学理念在国际上产生了重要影响，多个国家都在该理念的指导下进行了一系列的理论和实践探索并取得一系列成绩。英国在其各个阶段的教育中也提倡要贯彻该理念，除了在各个学段的课堂教学中提倡该理念，英国还在教学评估中将其作为一个重要的原则来指导相关工作的开展。除了英美，泰国和法国也在该理念的指导下对本国的教育教学管理方面进行了一系列有益探索。

（二）理论概念

"以学生为中心"在英文中表述为"student-centered"，"以学生为中心"不仅仅是教育教学中某一方面的简单改变，它涉及深层次的教育教学理念和教育价值观念。也就是说这次改革是一个涉及多领域、深层次的教育改革，最终的目的指向性非常明确，那就是要发展学生，将学生不仅仅视为教育领域中的一个重要对象，而是把他们看作具体的"人"，教育的最终目的是要实现人的发展，让其成为一个拥有健康人格、能融入社会、符合社会发展要求的"人"。西方学者认为指出，"以学生为中心"的概念包括两个层面，首先是要注重学生个体的特殊性，其次是要注重学生的学习。

第二章 高等学校思想政治教育育人体系研究

本章对于高等学校思想政治教育育人体系进行了详细研究，主要从高等学校思想政治教育体系概述、高等学校思想政治教育体系内涵、高等学校思想政治教育体系价值三方面展开。

第一节 高等学校思想政治育人体系概述

高等学校思想政治育人体系中的"育人"是就其广义而言，是对育人目标、育人主体、育人过程、育人手段及育人空间的整体统摄和宏观把握，要求高等学校不仅要将思想政治教育渗透、参与、影响立德树人的各个方面，即"育全人"，还要调动一切能够为思想政治教育工作发力的积极因素，即"全育人"。高等学校思想政治育人体系具体是指在党的领导下，全体教职工与高等学校学生双主体的共同努力中，以立德树人为中心，将思想政治教育贯穿渗透教育教学全过程、学生成长成才全过程，利用课上课下、线上线下育人空间，体现高等学校思想政治育人工作在时间上的全过程性、空间上的全方位性和内容上的全覆盖性，充分发挥高等学校思想政治整体性功能的有机工程，是聚"点"成"面"，引"线"转"体"的全面表述，是价值性、协同性、系统性的内在统一。

一、高等学校思想政治育人体系的发展

"育人"是高等学校思想政治教育的内在属性。1995 年，《中国普通高等学校德育大纲》（试行）颁布试行，提出要坚持整体性原则，形成全员育人意识，构建全方位育人格局，完善社会主义高等学校德育体系建设，增强育人合力，提

升德育整体水平[①]。这是国家性文件中首次明确提出"全方位育人"这一基本理念。2004年，中共中央、国务院印发《关于进一步加强和改进大学生思想政治教育的意见》（简称16号文件），明确指出加强和改进高等学校学生思想政治教育对于全面实施科教兴国和人才强国战略的重要意义，全面提升大学生思想道德修养对于我国实现中华民族伟大复兴、建设社会主义强国的深远影响。16号文件针对新形势下时代要求、社会发展与高等学校思想政治教育工作存在不相适应、高等学校思想政治教育工作存在薄弱环节等情况，提出了高等学校思想政治教育工作发展的基本原则与有效提升路径，强调了各项育人资源在高等学校思想政治教育工作中的重要地位和作用，从指导思想、课堂教学、实践领域、文化熏陶、网络思想政治、心理教育、党团建设等方面为全方位育人的构建提供了进一步的阐释与支持[②]。

2016年12月，习近平总书记在全国学校思想政治工作会议上明确指出：高等学校的立身之本在于立德树人，高等学校思想政治工作关系高等学校培养什么样的人、如何培养人以及为谁培养人这个根本问题。要坚持把立德树人作为中心环节，把思想政治工作贯穿教育教学全过程，实现全程育人、全方位育人，努力开创我国高等教育事业发展新局面。以习近平同志为核心的党中央将高等学校思想政治教育工作的战略地位推向了一个新高度，将高等学校全方位育人体系的构建置于了高等学校工作的突出位置。在加强与改进高等学校思想政治工作的进程中，高校坚持全员全过程全方位育人的基本原则的同时，要把思想价值引领贯穿教育教学全过程和各环节，从教书、科研、实践、管理、服务、文化以及组织七大层面，创建具有长效性、特色化的思想政治育人工作机制。其中全员是包含学校、学生、家庭以及社会在内的积极参与；全过程指的是从学生在校期间，到进入社会，从目标的制定到执行，从课堂上到课堂之外渗透思想政治教育的基本内容；全方位是以立德树人为中心，将思想政治教育充分融入学校组织管理的每一个环节之中。教育部要求各个大学，在"三全育人理念指导之下，结合新时代所赋予高等学校思想政治教育工作的新任务、新要求对"七育人"进行发展和延伸，将"七育人"细化为课程、科研、实践、文化、网络、心理、管理、服务、资助、组织十个维度，形成"十大育人"理念，也就是所谓的"十全育人"体系。"十全育人"体系要"挖掘育人要素，完善育人机制，优化评价激励，强化实施保障"。

---

① 国家教育委员会.中国普通高等学校德育大纲.1995.
② 中共中央，国务院.中共中央国务院关于进一步加强和改进大学生思想政治教育的意见.2004年.

二、高等学校思想政治育人体系的内容

(一)目标方面

思想政治育人目标是构建育人体系的最终目的和方向归宿。高等学校思想政治教育工作是我国教育体系的重要组成部分,作为影响人、改造人的社会实践活动,理应遵循新时代教育方针,牢牢把握"四个服务"的原则,始终坚持立德树人的教育任务,以人为本,将高等学校学生的现实需要作为出发点和落脚点,不仅要在学生的头脑中、思想上武装科学的理论知识体系、正确坚定的政治信念,更主要的是要以灵魂塑造引领学生的全面发展,培育德智体美劳全面发展的社会主义建设者和接班人。

(二)主体方面

高校思想政治育人主体是开展育人体系的人力基础和基本保障。学生在对思想政治教育信息的接受过程中,受各种社会关系的制约,一切的行为习惯、思想观念都可能成为影响思想政治教育工作成效的因子。思想政治教育工作不是单单依靠高等院校专职教师、党务工作者就可以实现的,高等学校所有的教职工(包括高等院校教师、管理人员、服务人员、辅导员等)都承担着育人育才的重要使命。教育者的专业程度、师德水平、政治站位和道德修养都对高等学校学生起着很强的表率示范作用,是育人体系中的关键主体。此外,高等学校学生不仅是思想政治教育的作用对象,也是思想政治教育工作的直接参与者,是育人体系中的核心主体。一方面,思想政治教育工作要从学生入手,围绕学生实际;另一方面,同辈群体影响的力量不容忽视。因此高校思想政治教育要改变以往单向度的教育模式,调动学生自身的内在积极性,创造性实现自我管理、自我教育,引导学生在交互中自觉、主动地强化自身的学习意识和能力。

(三)统筹要素

高等学校思想政治育人体系"处处在育人"的客观环境、载体、主要手段有着必要前提。思想观念在主要手段和状态上具有非线性的特点,开展思想政治教育工作,要从其学科本质特点出发,打通课内和课外、现实与虚拟、校内和校外的脉络,显性实物和隐性文化的不同空间方位,融合理论教育和实践引导、线上和线下的多种载体方位,创新心理育人、管理育人、资助育人、组织育人等多重路径,统筹各个环节、各个机构的育人资源,确保各项影响因素

发挥其积极正向作用，营造无处不在的思想政治生活氛围和气息，形成由上而下、由内而外的立体化育人空间。

（四）开展过程

思想政治育人过程是体现高等学校思想政治育人体系蕴含规律性、持续性和针对性的必要条件。任何事物的发展都是量变和质变的统一，不管是教育本身还是学习发展均具有过程性，是在不断地与外界进行信息交换和互动中实现的，这就要求思想政治教育不仅要贯穿高等学校教育教学全过程，还要贴近学生成长成才的全过程。育人体系一方面体现在高等学校思想政治教育工作要从学生入学到毕业的各个阶段，针对本科、研究生的不同年级和学习接收能力的差异，制定既符合思想政治教育的内在逻辑，也符合人的发展规律，有侧重点的能解决学生的现实需求和期待的阶段性目标和内容；另一方面体现在高等学校思想政治教育工作要实现与中小学段、社会发展需要的有效对接，减少不必要的重复性教育输出，体现教育工作的渐进性，提高效率，形成长效的育人机制。

三、高等学校思想政治育人理论体系的现状

（一）取得的成效

1. 教学方法体系

中华人民共和国成立以来，思想政治理论课被确立为高等学校教育的重要组成部分而得以展开，高等学校思想政治理论课教学方法亦适应教学实际的变革而不断发展丰富。总体来看，在不同时期形成了可行的教学方法，具体如下。

1985之前，高校的教学方法特点是理论结合实际、政治结合业务、体验式、启发式。之后，在扬弃前一阶段科学方法基础上，更加重视教学方法中对学生主体能力培养，同时对课堂、小组讨论等有效的教学方法进行探索。

一直到1998年，教学方法更为丰富，包括讲授法、讨论法、案例法、因材施教教学法、体验教学法、探索式教学法等。这一阶段的特点充分利用现代技术在教学方法创新上的价值。而再发展到2005年是，在高度重视理论联系实际前提下，倡导启发式、参与式、研究式、讨论式教学，并初步探索专题讲授、案例教学、示范教学，充分利用新媒体网络实现教学方法现代化，突出实践教学的地位。

如今，新时代普遍使用的教学方法，以课堂讲授为主的可划分为启发式、专题式等；以师生主体互动为主的可划分为案例式、情景式、讨论式、体验式、项目式等。

可见，经历中华人民共和国成立以来七十余年的创新发展，当前我国高等学校思想政治理论课已经形成科学可行的教学方法系统。我们对这一时期高等学校思想政治理论课教学方法的研究和认识，应持一种科学的态度，既要从整体出发去认识不同阶段，避免出现割断前后阶段教学方法间的有机联系和历史承继性的形而上学错误。比如，理论灌输、理论联系实际教学法等是始终存在并极其重要的教学方法，又要规避"眉毛胡子一把抓"的"一刀切"，只见整体性而忽视阶段性，抹杀教学方法与时俱进发展的科学性特征，比如某些教学方法需借助现代技术设备，这种教学方法的实现是建立在现代技术发展的基础之上的，这在改革开放前的一定时期是不能实现的。唯有如此，对思想政治理论课教学方法的探究才能兼顾整体性与科学性的有机统一。

由不同时期形成的可行的教学方法可知：首先，中华人民共和国成立以来我国高等学校思想政治教育课教学方法探索已经取得丰硕成果，在形式上实现了多样化、丰富性发展。进入新时代，伴随着高等学校思想政治教育课一线高等院校教师对教学方法的不断创新和实践，还有诸多有效方法有待研究并加以推广。其次，高等学校思想政治教育课教学方法理念逐渐全面，展现了理论性与人本性理念的有机统一。由不同时期的主要教学方法可知，中华人民共和国成立后至1985年，这一相当长的历史时期内，教学方法凸显理论灌输、知识传达目的，而对受教育者主体的关注远远不够。然而，1985年后，教学方法中更加重视受教育主体实际，由前一段时期重理论灌输到兼顾人本性协同发展，可以说，从这一时期高等学校思想政治教育课便逐渐确立"立德树人"的根本目的，这无疑是教学方法的大发展。

当然，在教学方法丰富发展的同时，教学载体也在多样化发展，如表2-1-1所示。

表2-1-1　当前高等学校思想政治理论课教学载体一览表（部分）

划分依据	载体类别
以不同时空划分	传统载体；现代载体
以不同场域划分	课内载体；课外载体
以是否利用现代网络信息技术为中介划分	线上载体；线下载体
以教学内容依托对象划分	课程载体、文化载体、活动载体、大众传媒载体等

如表 2-1-1 所示，当前高等学校思想政治理论课教学载体伴随着教学方法丰富发展也实现了多样化发展，这无疑为思想政治理论课教学开展提供了更多的选择。

2. 课程体系

改革开放以来，随着我国高等教育发展实际需求的变化，尤其是高等学校意识形态教育实际需求的变化，我国不断地更新和完善高等学校公共政治课的课程体系，不断加强课程体系建设，为高等学校意识形态教育提供了坚实的课程支撑。1978 年以来我国高等学校思想政治理论课课程设置变迁情况见如表 2-1-2。

表 2-1-2　1978 年以来我国高等学校思想政治理论课程设置变迁情况

课程	1978 年，"老四门"	1985 年，"新四门"	1987 年，"两课"	1998 年，新"两课"	2005 年至今，新课程体系
马克思主义理论课	辩证唯物主义与历史唯物主义	马克思主义原理	马克思主义原理	马克思主义哲学原理	马克思主义基本原理
	政治经济学	中国革命史		马克思主义政治经济学原理	
	中共党史	中国社会主义建设	中国革命史	毛泽东思想概论	毛泽东思想、邓小平理论和"三个代表"重要思想概论（2008 年改为：毛泽东思想和中国特色社会主义理论体系概论）
	国际共产主义运动史	世界政治经济与国际关系	中国社会主义建设	邓小平理论概论	
			世界政治经济与国际关系	当代世界经济与政治	中国近现代史纲要
				形势与政策课程	形势与政策课程
					当代世界政治与经济
思想教育课程			思想道德修养	思想道德修养	思想道德修养与法律基础
			法律基础	法律基础	

回顾这一时期高等学校公共政治课课程体系发展变革的基本经验与过程，一方面是应对世情、国情发展变化对高等学校学生培养提出新要求的回应，比如在"两课"中加入形势与政策课程以及在"新课程体系"中加入形势与政策课程和当代世界政治与经济两门课程，其目的非常明显，即回应新世纪对外开放背景下

对具有全球观念、时事观念的高等学校人才的需求；另一方面，这一时期我国高校公共政治课课程体系的变革发展的基本经验，是事物发展规律的基本要求，比如在理论课教育的内容上，中国化的马克思主义理论成果不断成为理论课的内容，2017年十九大成功召开，中国特色社会主义进入新时代，马克思主义中国化最新成果应运而生，我国高等学校开启了研究、学习新思想的浪潮。

为了保障思想政治教育课建设强力开展，确保党的理论创新协同推进，2019年8月，中共中央办公厅、国务院办公厅在《关于深化新时代学校思想政治理论课改革创新的若干意见》中指出：加强以习近平新时代中国特色社会主义思想为核心内容的思政课课程群建设。并要求全国重点马克思主义学院率先全面开设"习近平新时代中国特色社会主义思想概论"课。这一提法，从课程建设的高度对习近平思想的研习提出要求，也保证了思想政治理论课教育内容的与时俱进[①]。总之，思想政治理论课课程体系建设的成功经验将来仍是我国高校公共政治课程体系建设的有益经验。

3. 教材体系

伴随着高等学校思想政治理论课课程体系的变革发展，高等学校思想政治理论课教材体系逐渐发展也是课程发展的应有之义和内在要求。20世纪80年代以来，高等学校公共政治课教材编写经历了各自为战编写、择优推荐与自主选择阶段、统编阶段等发展阶段，如表2-1-3所示。

表2-1-3　1980年以来高等学校思想政治理论课教材体系变革一览

阶段	具体变革内容
高等院校教师、高等学校各自编写阶	1980年，教育部要求，在遵循教育部关于马列主义课各门课程相关基本内容、章节体系的前提下，各高等学校可以依据教学大纲规定、学校本身或者组织思政课专职高等院校教师进行教材编写和使用，也可以使用推荐教材。
择优推荐、自主选择阶	1985年，通过成立全国马克思主义思想理论课教材编审委员会，开展思想政治理论课课程设置、教材编定、参考资料研究等工作，思想政治理论课教材编写水平科学化、专业化水准大幅度提升。1998年，教育部组织编写各门课程的示范教材并在全国高等学校推荐使用。除教育部批准的改革试点学校以外，各高等学校不再自编教材。

---

① 中共中央办公厅、国务院办公厅.关于深化新时代学校思想政治理论课改革创新的若干意.2019年.

续表

阶段	具体变革内容
统编阶段	2005年，中宣部、教育部实施新的课程方案，成立高校思想政治理论课教材编写领导小组，教材编写工作成为马克思主义理论研究和建设工程的有机组成部分，随着"05方案"的教材编审委员会成立，自2006年思想政治理论课教材编写、出版、使用正式进入统一阶段，这也意味着高水平教材编写体系的成立。此后，教材编写一直追求新理论、新思想的"三进"工作。2019年，中共中央办公厅、国务院办公厅《关于深化新时代学校思想政治理论课改革创新的若干意见》指出：国家教材委员会统筹大中小学思政课教材建设国家统一开设的大中小学思政课教材全部由国家教材委员会组织统编统审统用。研究编制习近平新时代中国特色社会主义思想进课程教材指导纲要，研究编制中华优秀传统文化、革命文化、社会主义先进文化、科技创新文化及总体国家安全观等进课程教材指南。至此，思想政治教育课教材体系实现与时俱进地发展。

据此可知，我国在探索和完善高等学校意识形态教育所需的教材体系建设上已经取得巨大的成效，教材体系的不断发展为承载意识形态教育知识提供了载体，为意识形态教育课程体系主渠道作用的发挥奠定了重要基础。

但事实上，需要讲到的是，思政教材理论深刻性与表述生动性之间难以兼顾。在教材编写过程中，一直存在一个棘手而又必须兼顾的问题，那就是理论深刻性与表述生动性之间的矛盾问题。理论，为了表达准确，通常而言都是深刻的，而这种深刻的表述又使其被冠以呆板的认知偏见，尤其是那些来自官方决议的理论，由于其官方化成分过重，学生在学习过程中很容易感到吃力、乏味，这就很难调动学生的学习兴趣，维持学生持续的学习动机。相反，学生对于那些生动的表述会易于接受，比如党的十九大报告中谈及民族团结时说道"促进各民族像石榴籽一样紧紧抱在一起"，这种带有感情的文字，用生动的话语表达了民族团结的理论，这样的表达是受到学生欢迎的。但事实上，如果教材中处处都是如此生动的表达，那么，理论的深刻性又如何体现呢？因此，教材编写过程中如何处理好理论深刻性与表述生动性之间的关系，是一个极具智慧的问题，这对关系的处理，对于思想政治理论课时效性具有重要的决定意义。

4. 教学环境方面

改革开放四十余年以来，伴随着我国的经济实力不断迈上新的台阶，新世纪国际竞争以科技和人才竞争为中心的竞争模式的开启，以及党和政府对高等学校教育重要性的认识，我国不断加大对高等学校的教育投入，不断改善、优化高等学校的教学环境。这种改变,最显著、可量化的便是高等学校在硬件设施(显性环境)上翻天覆地的变化。

首先,新媒体教学设备对传统的"三尺讲台、粉笔灰模式"的替代,一方面使得教育资源的获取更加便利、教育模式的选择更加多样、教学体验更加深刻、教学效果更加高效,同时也减少了粉笔大量使用对师生身体健康的负面影响。

其次,现代化图书馆建设,以及丰富的线上线下图书资源的配备,为高等院校教师的备课和学生的学习提供了必要条件,这种教学环境的改善,扩宽了传统教学的范围,对于师生的共同发展具有重要意义。

当然,隐性环境的改善也具有重要的作用,比如伴随"高等院校教师主导、学生主体""教学相长"等教学理念的实践所造成的师生关系变革,由传统的"权威式"转变为"民主式",这种师生关系定位的转变,也是整个教学环境改善的重要表现,在这些因素的共同影响下,高等学校教学的实效性不断得以提升,当然也为增强高等学校意识形态教育实效性提供了有利条件。

(二)存在的问题

发现问题,是解决问题的第一步。高等学校思政育人体系整体建构虽然取得了一定的成效,但同时也存在一定的问题,主要表现在以下几个方面。

1. 育人体系存在不平衡

高等学校思政育人体系的整体构建中存在不平衡性,主要表现在体系内部发展不平衡、理论与实践不平衡和关注对象不平衡上。

(1)理论与实践脱节

之所以呼吁育人体系的全面构建工作,其实还是为了高等学校学生的成长和全面发展着想。思想政治教育是一个内化于心、化于行的双向互动过程。它不仅仅停留在教育者对理论的阐释和灌输层面,而是要通过受教育者对所预示的目的性理论产生认同并付诸实践,才能真正起到作用并具有价值。为了构建立体育人网络机制,当前高等学校思想政治工作在实践投入方面卓有成效。以北京科技大学为例,北京科技大学召开专题会议,印发工作方案,将教育部提出的课程、科研、实践、文化、网络、心理、管理、服务、资助、组织等育人体系建设细分为25项重点项目、100项具体任务,明确提出打好四场攻坚战,力求清单化、系统化、持续化推动"思政育人综合改革行稳致远"。与实践投入形成鲜明对比的是,高等学校在育人理论研究方面相对匮乏,未能及时将经验上升为指导理论。从各方面可查资料来看,关于育人体系整体构建的文章不多,大多从某一个育人角度出发来论述学校的育人工程或是将育人体系的建构研究放在总体的思想政治工作中一笔带过。这就呈现出理论与实践脱节的场面。

（2）体系内容不平衡

早在20世纪80年代中后期，教育界就逐步形成了"教书育人、管理育人、服务育人"的共识。新世纪初，特别是《中共中央国务院关于进一步加强和改进大学生思想政治教育的意见》颁布后，学者以此文件为指导，除对"教书育人""管理育人"与"服务育人"三个传统思想政治教育课题研究外，同时强调高等学校"实践育人"和"科研育人"的重要性。此后，随着高等学校教育理念的革新、时代的发展以及高等学校学生自身实际情况的变化，学术界又提出"七育人"概念，增加了"文化育人"和"组织育人"。2017年12月，教育部发布《高校思想政治工作质量提升工程实施纲要》则确立了高等学校思想政治工作必须切实构建"十大"育人体系，将网络、心理、资助育人纳入其中[①]。高等学校"十大"育人体系格局正是这样一步步发展起来。这样的发展过程也造成了"十大"育人体系内部呈现出发展不均的状况，最早提出的育人工作，如教书育人、管理育人和服务育人，高等学校对此有深厚的理论研究和实践经验。相较于此，近年来提出的网络、心理和资助育人方面的研究就稍逊一筹。当然，各高校工作重心和能力的不同，也同样使"十育人"的发展有强有弱。很多高等学校狠抓课程育人，在思想政治理论课教学上独树一帜，但其他育人工作却表现平平，成为其短板。

（3）关注对象不平衡

以往，高等学校思想政治工作的主要对象是高等学校学生，是为高等学校学生成长成才服务的，从狭义上而言也并未有错。这种传统的思想也很明显地体现于高等学校思想政治育人体系的构建中。就广义而言，思想政治工作从根本上来说是做人的工作，高等学校思想政治工作对象中的"人"，既包括学生——专科生、本科生和研究生，也包括高等院校教师。然而，当前的高等学校"育人"工作在关注对象上明显存在差别对待现象。这体现在学生和高等学校教师之间的失衡以及学生内部的失衡两个方面。一方面，在实际工作中，对高等学校教师思想政治工作的关注明显低于对学生思想政治工作的关注。其实，高等学校教师是学生思想政治教育的开展者。我们不能忽视高等学校教师的育人属性，因为只有高等学校教师的育人能力提高才能更好地发挥育人作用。另一方面，对本科生的培育重视远高于研究生。这主要与规模大小和性质有关，毕竟本科生的人数大大多于研究生。此外，研究生群体相对而言来源广泛、思想多元、管理相对松散，这也对

---

① 教育部.高校思想政治工作质量提升工程实施纲要.2017年.

高等学校研究生群体的育人工作提出了更高的要求和更严峻的挑战。

2. 育人关系缺乏和谐性

在育人体系的建构中，协同是思想政治工作的核心要义。而主体队伍表现出来的人员多而不齐、部门广而不协导致了整个育人体系的不融洽，育人目标无法协同一致。

从个体层次上看，思想政治工作队伍多而不齐。人员"多"，代指数量大。随着高等学校育人体系的拓展开来，思想政治工作的队伍逐渐壮大，人员从单一化转向多元化。一方面，思想政治工作专职队伍的育人力量扩大。除高等学校思想政治理论课教师外，高等学校思想政治工作队伍还将高等学校党政干部、共青团干部，从事哲学社会科学课的高等学校教师以及班主任、辅导员和心理咨询教师等人员纳入其中。另一方面，思想政治工作兼职队伍的育人作用凸显。就育人主体而言，高等学校力求打造全员育人格局，广大教职工甚至于后勤人员都要有育人意识，承担育人责任，发挥育人功能。思想政治工作队伍的扩大，的确有利于高等学校思想政治工作的开展，但也使其内部呈现出复杂性状态。这就存在"多"与"齐"的关系问题，也就是质量的增长未能赶上数量的增长。"齐"，就是要齐整、齐心协力、见贤思齐，要求思想政治工作队伍的每位成员不仅人到，还要心到，不仅心到，还要力到。但就目前高等学校的实际状况而言，并不是每个人对思想政治育人体系的构建工作都很重视，存在"冷热"现象：有的学校层面"热"，院系"冷"；领导"热"，工作人员"冷"；高等学校通识课教师"热"，专业课教师"冷"；等等。并且育人体系中每个育人小系统存在着工作交叉的问题。这就导致很多高等学校呈现出一种工作人人有责，但实际配合起来往往呈现出事不关己高高挂起的现象，思想政治工作存在平均摊责、重复低效和工作盲区问题，实效性不足。

从单位层次上看，思想政治工作部门广而不协。"广"，范围宽阔之义。思政育人体系的构建需要高等学校每个相关部门的密切配合，涉及的部门从"点上维度"到达"面上广度"。"协"，共同合作、协调的一种理想样态，暗喻思政育人体系的建构部门从"面上广度"回归到"点上深度"，即每个工作部门都要守好一段渠，打好配合战。但在目前的实际操作中，高等学校各职能部门呈现出两种不良的状态。一是小部分高等学校固守着传统的理念，认为高等学校学生思想政治工作是两个部门的事情：学工部门和思想政治理论课课程，这就使这两个部门的作用被放大化和过高估计。的确，我们将思想政治理论课称之为高等学校思想政治工作的主渠道，学工部门是高等学校思想政治工作的第一战线。但显然，高等学校思政育人体系的整体建构仅仅依靠它们来实现是天方夜谭。例如，课程育人要求思想政治理论课和专业课都具有育人功能，专业课程都是由各院系高等学校教师自行开展，思想政治理论课课程替代不了专业课程的作用。资助育人、组织育人、管理育人、服务育人涉及学校的资助中心、党团部门、管理部门和后勤部门等，学工部门只能算作"十育人"工作的某一个工作部门。二是大部分高等学校虽然认识到各个部门的责任，也对每个部门的育人工作进行了详细的规划和安排，但没能将部门统一起来。每个部门的工作内容往往局限于上级部门的要求，缺乏自觉能动性，依据实际的个性化教育功能便处于"孤岛"状态。思想政治工作部门和部门之间缺乏明显交流，单兵作战，实效最大值没有得到充分发挥。

3. 资源的利用不够充分

资源的开发是思想政治工作中的重要活动，也是思想政治工作得以正常运行的重要前提。从某种角度上说，思想政治工作就是一定社会或阶级进行的各种思想政治教育资源的开发和利用，以最大限度发挥其功能，实现思想政治教育目的的实践活动。现实生活中，高等学校思政育人体系在供给资源的开发和载体资源的运用上还存在不充分问题。

在供给资源上，从微观层面看，高等学校思政育人体系内部资源配置失序。主要表现在高等学校思想政治工作队伍内部以及非思想政治教育工作者之间的资源配置不合理。很多高等学校往往注重于专业队伍的培养，忽视了兼职队伍的培育，导致教育重叠与断层严重，浪费了大量人力、物力与财力资源。

此外，从宏观层面层面上看，高等学校思政育人体系教育资源的开发滞后于高等学校育人工作的开展。当前，思想政治教育资源所供给的一些理论和具有教育意义的信息呈现出落后和老化的现象，无法满足学生信息多样化的需求。例如，课程育人要求专业课也具有育人功能，但事实上在专业教材的开发上却没有及时跟进，只单依靠专业高等院校教师的力量来挖掘教材中的育人亮点。又如，文化育人要挖掘革命文化的育人内涵，处于革命老区的高等学校立足于红色革命基地开展工作，远离红色革命老区的高等学校却未能很好地利用当地的有效资源。

在载体资源运用上，高等学校思想政治工作队伍存在很大不足。简言之，思想政治工作的过程类似于信息的输出和反馈，缺乏相应的载体，这一过程就无法顺利完成。既然载体作为思想政治工作的承载、工具、保障，那么就务必综合运用多样化的载体。诚然，高等学校思想政治育人体系要想建设好，也需要以一定的载体作为中介。在实际操作中，以管理育人为例，思想政治工作内容还没有渗透到大学日常管理活动和思想政治工作队伍的工作之中，部分管理岗位和服务岗位的育人功能没有体现出来。各种拉横幅式的宣传致使育人工作流于表面，未能深入人心。在文化育人上，往往还是以寓教于乐的方式，将思想政治教育潜隐在丰富的校园文化活动中。但不少校园活动重形式，轻内涵，没有充分发挥文化育人的作用。在资助育人中，育人还是以奖助学金、勤工俭学岗位等形式体现出来，"扶贫"和"扶志"未能完满结合。另外，科技迅猛发展为思想政治工作提供了科技保障和物质基础，同时也要求高等学校思想政治育人体系的建构工作必须以大众传媒为重要载体，对人民群众进行最新的理论宣传教育。但很多学校的大众传媒载体的建设却没有跟进，人员没有配备齐全。

4. 机制或制度保障不足

育人机制不科学主要表现在两大方面：一是评价机制，二是宣传机制。高等学校思政育人体系的构建工作纷繁复杂，涉及人员部门众多，因而要明确任务、目标，严格考核责任。但在高等学校的实际操作中，关于人员部门的考核情况还存在"软指标"现象，注重任务的分配，却忽视了对思想政治工作的考核评价。这就体现在思想政治工作队伍的考核不够规范以及过程考核不够全面。长期以来，思想政治工作主体队伍作为高等学校学生思想政治教育的主要管理者和实施者，自身承担了太多的任务和责任。可是对他们的考核评价不够规范，有的高等学校只注重量化指标，以业绩论成绩。有的高等学校则过重于参考学生的评价，学生更多的是接触辅导员和班主任，对其他岗位的思想政治工作者尤其是领导干部无法做出科学的评价。考核的不规范自然影响了奖励的结果，如此管理、考核、奖励的脱节，挫伤了很多人的积极性。高等学校对于思想政治工作兼职队伍，如后勤部门的育人考核更是存在大片空白，往往以开展活动的多少作为评价的指标。除此之外，在过程考核中，很多高等学校主要是抓住期末或是年末的尾巴来进行，而思想政治工作是一个贯穿全时段的任务，这就导致很多人员或是部门出现中途懒散，期末赶工的不良局面。

此外，高等学校思政育人体系的构建工作要置于社会大环境中去探索思考，以环境的相安、和谐来推动育人工程的发展。虽然在教育部大力倡导之下，各高等学校"育人"工作已如火如荼开展起来，但宣传范围局限于校园内部之中，真正"育人"的大氛围还未营造起来。就目前而言，思政育人体系在社会中的宣传还不够深入，普通大众对"育人"理念的内涵知之甚少，又何谈共同育人。由于宣传机制覆盖不够全面，致使社会环境未能对高等学校思政育人体系的建构产生助力，家庭教育未能与学校教育进行良好的对接。并且每个高等学校自身情况不一样，育人体系的建构的进度也不一样。有的高等学校"育人"工作已经成为本地区的模范先锋，而有的高等学校在育人工作中还存在各种漏洞。部分高等学校似乎习惯于埋头苦干、闭门造车，将自身经验分享出去的宣传工作也不到位。

四、高校思想政治育人体系建设的时代特征

时代的发展赋予思想政治育人体系建设新的特征。理解思想政治育人体系建设的时代特征，不仅是思想认识的重要环节，也是创新思想政治育人体系建设实现路径的基本要求。

高等学校思想政治育人体系有着丰富的思想内涵，探究新时代高等学校思想政治教育育人体系，就需要结合"培养什么人、怎样培养人、为谁培养人"这一根本问题，从整体上来把握高等学校思想政治育人体系的基本内容与核心要义。

社会主义道德作为先进的道德体系，它是以马克思主义为指导的，其核心是为人民服务，集体主义是其基本原则，体现的是无产阶级和广大劳动人民根本利益和长远利益，是共产主义道德在社会主义阶段的体现。高等学校思想政治教育育人体系中的核心内容，毫无疑问就是社会主义道德。社会主义道德是以爱祖国、爱人民、爱劳动、爱科学、爱社会主义为基本要求的，内容包含社会公德、职业道德、家庭美德和个人品德等方面。培育社会主义道德，对个人健康成长、社会良性运转和国家长远发展，对实现人的自由而全面发展有着重要的现实意义。总之，以社会主义道德为高等学校思想政治教育育人体系建设之根本，是我国社会主义社会的本质要求，也是我国传统价值观念的当代体现，更是高等学校思想政治教育育人体系的内在规定性。因此，必然要坚持立社会主义道德这一根本要求。

党的十八大以来，党和国家各项事业取得历史性、根本性的变革和成就，比历史上任何时期都更加接近实现民族复兴中国梦。习近平总书记指出："我们党立志于中华民族千秋伟业，必须培养一代又一代拥护中国共产党领导和我国社会主义制度、立志为中国特色社会主义事业奋斗终身的有用人才。"[1]这一重要论述揭示了高等学校思想政治育人体系的精神实质，科学回答了"为谁培养人、怎样培养人"的问题。中国共产党立志于中华民族千秋伟业，有着历史必然性。近代以来，中华民族内忧外患，在民族存亡之际，中国共产党人自觉肩负起历史重托、

---

[1] 习近平总书记在学校思想政治理论课教师座谈上的讲话.

人民重托,成为中国革命和中华民族复兴的中流砥柱,依靠人民实现了民族独立,走上了社会主义大道。这是历史和人民的选择,也是中国共产党的担当所在。

历史和现实有力证明,只有中国共产党才能引领中华民族走向未来。而培养一代又一代拥护中国共产党领导和我国社会主义制度、立志为中国特色社会主义事业奋斗的有用人才,这是中国共产党引领中华民族走向未来的重要保障。换言之,高等学校思想政治育人体系具有基础性的作用,只有借此培养为中国特色社会主义事业奋斗终身的有用人才,才能确保党和人民的事业后继有人,才能从根本上确保最广大人民的根本利益实现。二者是内在统一的关系。这是高等学校思想政治育人体系的本质。

把握高等学校思想政治育人体系的思想内涵,是时代与实践的要求。在我国诸多教育思想中,对德与才的表述不胜枚举,如"三不朽"就将立德置于首要地位,又如德才兼备、以德为先的思想,等等。总体来看,高等学校思想政治育人体系如何建设、建设的成效如何,其前提要求就是要立德,人无德不立,拥有良好的思想品德是成为有用人才的必然要求。在新时代落实立德树人根本任务,要善于把握德与才二者辩证统一的关系,将"立德"与"树人"真正统一起来。

(一)充分把握目标导向的要求

高等学校思政育人体系的导向性体现在目标明确方面。导向性,通俗讲即方向性,高等学校思政育人体系的目标具有明确的导向性,即具有鲜明的理想性和方向性,从而引导受教育者成长成才。之所以讲其目标具有明确的导向性是因为:高等学校思政育人体系的核心和落脚点是育人。新时代如何育人、育什么样的人以及为谁育人,对这个问题的回答必须旗帜鲜明,不能含糊。这是落实高等学校思政育人体系的逻辑前提。我国是中国共产党领导的社会主义国家,新时代是对我国发展阶段的科学定位,那么高等学校思政育人体系的目标毫无疑问培育的是堪当民族复兴重任的时代新人,培育的是合格的社会主义建设者和接班人。这是中国特色教育事业的本质要求,是思政育人体系的目标导向所在。这一目标导向不仅体现了新时代国家发展和民族复兴的内在要求,也深刻揭示了新时代个人成长成才的必然路径。因此,必须要把握这一目标导向的要求。

(二)立足于时代发展的变化

高等学校思政育人体系的内容具有鲜明的时代性。这里所讲的时代性,是指高等学校思政育人体系的思想内容立足于时代发展的变化,反映的是时代发展的要求,彰显的是时代发展的需要。就新时代"立德"的内容来讲,不仅要弘扬中华民族传统美德，着眼于立社会主义之社会公德、职业道德、家庭美德、个人品德，更要学习和运用马克思主义中国化理论成果，特别是要将学习和运用习近平新时代中国特色社会主义思想贯穿立德树人过程中。这是新时代立社会主义之德的必然要求。构建高等学校思政育人体系，就要自觉以习近平新时代中国特色社会主义思想为指导，将这一重大理论融入实践的方方面面。

新时代不仅要培养合格的社会主义建设者和接班人，培养致力于国家治理体系和治理能力现代化的有用人才，还要培育能讲好中国故事、会讲好中国故事的具有全球视野、未来视野的复合型人才。这是立足于新时代发展要求的体现，也是立足于我国发展时空坐标的体现，其具有鲜明的时代性要求。就新时代高等学校思政育人体系的方法论要求而言，一是新时代立德树人更加注重、体现德育在高等学校教育中的重要地位和作用，更加突出德育在人的全面发展教育中的作用，将促进人的德行成长定义为教育的首要任务，同时也强调了个人品德修养的重要性；二是更加注重和突出劳动教育的地位，特别是注重劳动、劳动教育对于个人成长成才的深远影响，强调"德智体美劳"的统一。

（三）实现全员全程育人

思想政治育人体系建设是一项系统工程，其实践过程具有系统性，主要体现在育人过程的系统性、复杂性和长期性上。21世纪的中国社会是数字化、网络化和智能化的社会，网络通达便捷，各种思想激荡，对思想政治育人体系建设实践的要求也不断增加。新时代落实思想政治育人体系建设，就要"系统推进育人方式、办学模式、管理体制、保障机制改革，使各级各类教育更加符合教育规律、更加符合人才成长规律、更能促进人的全面发展，着力培养德智体美全面发展的社会主义建设者和接班人"。

在新时代思想政治育人体系建设的实践过程中，把握系统性的要求，从实践过程中系统与要素、要素与要素以及系统与环境的相互联系、相互作用来探究思想政治育人体系建设的思路所在，真正形成系统化的育人体系，方能构建起全员全程的育人模式，更好满足思想政治育人体系建设实践过程系统性的要求。

第二节　高等学校思想政治育人体系内涵

厘清思想政治教育的内涵意蕴，是探究高等学校思想政治育人体系整体构建的基本前提。近年来，高等学校思想政治育人体系作为一种新的理论名词和研究趋势在思想政治教育领域方兴未艾，也在高等学校思想政治工作中拥有越来越高的呼声。一方面，高等学校思想政治育人体系成为高等学校思想政治教育追求的目标之一，为高等学校思想政治工作改革、发展与创新提供了一个全新的视角；另一方面，高等学校思想政治教育育人体系意味着思想政治工作的协同创新，致力于将思想政治教育贯穿高等学校育人的全过程和各环节，这与思政育人的价值诉求不谋而合。而思政育人体系作为高等学校育人工程的一部分，需要以正确的方向作为引领。为此，高等学校思政育人体系的整体构建必然要对高等学校思想政治教育育人体系这一概念进行充分的解读。

一、以正确的方法论为指导

高等学校思想政治育人体系建设以全员育人、全过程育人、全方位育人作为方法论。从方法论的视角中进行解读，高等学校思想政治育人体系建设也可被视为一种工作格局。所谓的高等学校思想政治育人体系工作格局，是所有对思想政治教育产生影响的因素通过一定的活动或机制联系起来从而形成的一种合力体系的描述。简言之，就是整合社会和高等学校中一切可能的力量来推进高等学校学生思想政治工作，使高等学校思想政治工作的机制、体制和运行形态转化为一体化的育人格局。高等学校思想政治育人体系工作格局强调一个"大"字，实质上也是对高等学校思想政治工作整体、系统、协同的实践概括，具体表现为人员之"广"、场域之"大"、过程之"久"。

首先，人员之"广"就是多主体参与。高等学校思想政治育人体系工作格局较之传统的高等学校思想政治工作明显的一大进步就是思想政治工作者不再局限于思想政治理论课教师、辅导员和班主任，而是将全体高等学校教师、领导干部乃至后勤服务人员和学生干部都纳入高等学校学生思想政治教育中去。工作部门由思想政治工作部等一线部门拓展到高等学校教学部门、行政部门、管理部门和后勤服务部门等。这就大大增加了高等学校思想政治教育的有生力量，调动了广大教职工和学生的主观能动性。高等学校思想政治工作是一个分工合理、联系紧密、有机协调的全员性工作体系，高等学校所有师生员工都可以而且必须作为教育者而存在。

场域之"大"就是工作平台得到拓展。除了发挥思想政治理论课的主渠道作用，还要求其他各类课程都应该承担育人工作，所有的实践活动都应该承载育人责任；除学校教育外，家庭和社会也必须肩负起育人大任。这就将高等学校思想政治工作的平台和范围大大扩展开来，不拘泥于课堂、校园，而是放眼整个国家与社会。

过程之"久"就是坚持全过程育人。高等学校做好思想政治工作非一朝一夕之功，不仅涉及学校工作的各个方面，而且贯穿于学生成长的整个过程。思想政治工作要想取得良好实效，就必须纵向到底，从新生入学到毕业各个阶段各有规划各有侧重，甚至工作之后也能产生一定持久的影响。这就是"大思想政治教育"整体性和系统性的体现。

高等学校思想政治育人体系格局追求的是高等学校思想政治工作全面和动态的平衡，个体系统（高等院校教师与学生）良性互动，群体行动（单位与部门）协调一致，整体系统（各个影响因素）相得益彰。

二、以人为出发点和归宿

毋庸置疑，教育的根本目的是培养人和塑造人。无论是在东方教育中还是在西方教育中，教育一致地被定义为发展人性。人性的发展在心理学中是知、情、意三者统一的发展，具有不可割裂性，这也注定了教育同样具有不可割裂性。我国倡导的教育是学生德、智、体、美、劳全面发展，这是一体的教育观，是教育过程中五个不同的方面，而不等同于五种教育。高等学校思想政治教育通过对受教育者有目的有意识地引导从而达到提高他们思想道德素质的目的，这是教育的一个方面，决不能独立于教育活动之外。而传统的思想政治教育在实践中出现的各自为政、互不相干的现象与"一种教育观"的思想背道而驰。

人是教育的出发点和归宿。高等学校思想政治育人体系建设同样以人为出发点和归宿，也就是"以人为本"。这里的"以人为本"放在高等学校思想政治教育的语境中，就是以学生和高等院校教师为双重主体。传统的思想政治教育观一方面忽视了受教育的主体性、差异性和能动性，一味强调高等院校教师和课堂的权威地位；另一方面忽视了广大教职工的主体性，将以人为本直接和以学生为本等同起来。

高等学校思想政治教育归根到底也是培养人的问题。高等学校思想政治工作的主体对象是高等学校学生，切实关注高等学校学生的所思所想，回应和满足学生现实困惑和精神需求，着力促进高等学校学生的全面发展是其应有之义。但与此同时，我们也应倡导以高等院校教师为本。这里高等院校教师是从广义上而言的，不仅包括思想政治工作者，还包括高等学校的管理者和服务者。高等学校思想政治教育主要提高高等学校学生的思想水平、道德品质和政治素养，实现构建受教育者精神世界的功能，必然要求高等院校教师的精神世界要积极健康向上。高等学校思想政治育人体系建设不仅主张"以人为本"的哲学价值取向，而且力争达到全员、全过程、全方位育人的理想状态。

三、注重系统化的思维

从系统论的维度来观照高等学校思想政治工作，会发现它是一个多角度、全方位、系统化培育学生的育人工程。但这种结构复杂的育人工作在实际中往往难以达到最优效果。因此，"大思想政治教育"在这一层面上可以理解为是高等学校思想政治工作的一种应然状态，它并不是一个具体的模式或者方法，而是高等学校思想政治工作所要追求的理想状态。有理想就有现实，高等学校思想政治工作的现实困境也在呼吁着新的时代的到来。

高等学校思想政治工作在实际操作运行过程中往往存在着系统建设思维缺乏、功能定位模糊不清、评价体系不全等一系列的问题。具体而言，有的高校重专业课轻思想政治理论课，有的高校给予思想政治理论课太多的功能和价值定位，还有的工作队伍方面结构不合理、能力不足……这些都使高等学校思想政治工作陷入了一定的困境中。为此，高等学校思想政治育人体系形成的重点就在于专业化、体系化、立体化、制度化和创新化。思想政治工作队伍进一步专业化，即拥有强健的师资力量。为此要加强工作队伍的培训和指导，严格管理、提高标准，注重评价。课程建设进一步体系化，真正实现全课程育人。这就要充分发挥多学科的优势，专业课智育与德育双修，让思想政治理论课和其他课程互相协调渗透，形成不可分割的整体。育人主要手段进一步立体化，多形式、多渠道、多载体育人。让思想政治教育不仅入课，还要入社、入网；不仅"三育人""五育人""七育人"，更要"十育人"；不仅学校育人，还要社会育人、家庭育人。领导机制、评价机制、监督机制、激励机制等各种机制进一步制度化。以制度规范行为，保证党对高等学校的正确科学的领导，实时监督反馈各项育人工作各个环节的实施状况，强化责任担当，提高思想政治工作的实际质量。

随着时代的发展变革和社会大环境的逐渐改变，思想政治工作也要进一步创新化，既因时而变又因时而新。创新是事物发展的不竭动力，高等学校思想政治工作要想立于不败之地，就要时时刻刻注重创新。以新时代新思想来引领前进的方向，以新资源供给来增强前行的动力，以新技术来拓展育人主要手段，着力建立健全系统化育人长效机制。

第三节 高等学校思想政治育人体系价值

不管什么时代，一个社会的发展进步都离不开价值引领的强大感召和激励，科技创新、全球化互动正在改变着我们的生活状态和交往主要手段，充分发挥社会主义核心价值观的价值引领的作用是当前应对多元思潮冲击的强心剂，是维护我国一元意识形态的稳定器。在社会主义核心价值观的共建共享下，我国越来越多的公民自觉地建立起强大的"中国信念"，培植起深厚的爱国主义情怀，推动着我国向着中华民族伟大复兴的中国梦不断奋进。一个群体内部具有强大的价值导向吸引力，可以强化主体的角色意识，明确责任边界，增强群体凝聚力和自信心。

从思想政治教育的学科特质来看，思想政治教育与其他社会科学、自然科学不同，其实质是在观念、思想、精神层面对公民进行影响、改造的哲学社会科学，是知识内化与行为外化的双重统一，因此，高等学校在进行思想政治教育工作的每一个环节中，更要充分认识到价值引领的重要性。高校思想政治育人体系的创建，首先需要明确体系中主体需要遵循的共同的价值原则和导向，始终把价值作为贯穿所有环节的内容，牢牢把控正确的教育教学方向，抓住学生与高等院校教师这两个主体，在"共情"中强化思想政治教育主体对自身身份的认同感，打通各主体间的沟通通道，激活其主体育人力量"心往一处想"的同时，确保最终形成的思想政治育人体系合乎规范，向着正确的道路和方向迈进，从而保质保量地完成时代、社会、国家、党所要求的思想政治教育工作的目标，构建高等学校思想政治教育工作的同心圆。

一、育人体系构建的时代价值

（一）促使人才培养体系完善

高校思政育人体系构建有利于完善高校人才培养体系。在知识经济的背景下，人才是社会发展的第一资源。我国在社会发展转型的关键时期，对人才的素质、水平、能力有着更高的要求。高等学校学生是民族、国家的希望，高等学校学生的培养是教育主体的共同诉求。习近平总书记在全国教育大会上发表讲话，指出当代高校要"构建德智体美劳全面培养的教育体系，形成更高水平的人才培养体系"，同时还强调高等学校人才培养体系的创建过程中，要对"学科体系、教学体系、教材体系、管理体系"几个主要层面做出变革，提升高等学校育人工作的整体水平和质量，做到思想道德、文化知识以及社会实践并重[①]。思想政治教育工作在高等学校人才培养体系中处于统领地位，高校全方位思想政治育人体系的构建正是高站位地对高等学校思想整治工作进行统筹谋划的设计方案，是帮助高等学校人才培养体系补足短板，强化优势的必然选择，有利于新时代高等学校人才培养体系在适应社会的矛盾变化中不断进行完善、优化和升级，开创工作新局面、新态势。

（二）将人才培养素质有效提升

高校思政育人体系构建有利于提高高等学校人才培养素质。中共中央、国务院印发的《关于加强和改进新形势下高校思想政治工作的意见》指出，在高等学校思想政治工作的加强与改进工作中，要"培养又红又专、德才兼备、全面发展的中国特色社会主义合格建设者和可靠接班人"，为"两个一百年"及中华民族伟大复兴的实现提供人才支持。高等学校人才培养的总体目标是，"着力培养德智体美全面发展的社会主义建设者和接班人，着力培养担当民族复兴大任的时代新人"。高等学校作为党的意识形态工作的前沿阵地，在多元文化渗透和冲击的大环境下，更加要将意识形态阵地建设工作落实到位，为高等学校学生的全面发展指明正确的方向。当前国际国内的形势复杂多变，境外敌对势力对我国的渗透力度不断加强，企图混淆大众舆论，制造思想混乱的局面，而高等学校学生求知欲强、好奇心旺，思想价值观念极易遭受侵蚀，受到错误观念的引导，不利于健康三观的塑造，会对其全面发展造成一定的负面影响。在当代高等学校学生的全面发展及综合素质的培养过程中，只有先行对当代高等学校学生施加正向的思想政治教育影响，才能为高等学校学生的全面发展指引正确的方向和道路。此外，

---

① 习近平总书记在 2018 年全国教育大会上的讲话.

高等学校全方位思想政治育人体系着眼于新时代，从宏观视角将传统思想政治工作进行立体化升级，在不同层面满足高等学校学生成长成才的需求，全育人且育全人，在理论与实践中、在生理上与心理上均切切实实提升其获得感、满足感。因此，高等学校全方位思想政治育人体系构建的时代意义还体现在，可以为高等学校人才道德素质水平的提升以及综合能力的增强提供强大助力。

（三）扩大高等学校影响力

高校思政育人体系构建，有利于提高高等学校影响力。建设世界一流大学和一流学科，即"双一流"大学，这是我党在教育领域内所推行的一大重要战略，其中将打造具有中国特色和世界影响力的新型高等学校智库作为重点任务之一推进。长期以来，我国对教育工作都予以高度重视，高等学校建设工作也初步获取了一定的成果，拥有了世界范围内规模最大，增长速度最快的高等教育系统。但与此同时，世界经合组织所公布的调查数据显示，2018年中国25~64岁人口中受过高等教育的比例为17%，而发达国家的水平基本在40%~50%之间。由此可以看出，当前我国高等学校人才培养工作面临着巨大的挑战，与发达国家之间存在较大的差距，我国高等学校在世界范围内的影响力仍然较低。习近平总书记在北京大学师生座谈会上发表的重要讲话中，指出要把立德树人的成效作为检验学校一切工作的根本标准，要把立德树人内化到大学建设和管理各领域、各方面、各环节，做到以树人为核心，以立德为根本。这一表述充分强调了思想政治教育工作对于高等学校整体工作开展的重要性与必要性，也间接说明了高等学校全方位思想政治育人体系的全面构建不仅对"双一流"大学建设任务的推进具有积极影响，而且更关键的是有利于走出一条面向世界、面向未来的中国特色社会主义高等学校发展之路，在提升我国高等教育的整体水平的同时扩大国际影响力。

二、体系构建的现实意义

现实意义是理解和把握高等学校思想育人体系建设内涵和实践要求的重要方面。对高等学校思想育人体系建设现实意义的考察，可以很好地帮助我们深化对新时代高等学校思想育人体系建设实践的认识，有利于准确把握新时代高等学校思想育人体系建设的重大意义。

（一）我国高等学校的发展需求

思想政治教育是高等学校工作的重要主题，也是评价高等学校工作成效的根本尺度，是高等学校的发展需求。高等学校发展需求，是指其得以立足存续的关键、根据。思想政治育人体系之所以是我国高等学校的发展需求，是因为高等学校肩负着为党育人、为国育才的重要责任，思想政治教育在人才培养过程中的地位与作用不容忽视。一方面，思政工作是高等学校工作的根本要求，其也决定了为党育人、为国育才的基本内容，即德育的全部实践。新时代我国高等学校发展，只有紧紧围绕思想政治育人体系这一根本任务，才能真正发挥自身的重要作用，进而也能实现高等学校自身的长远发展。另一方面，评价高等学校工作的成效，要把握思想政治育人体系这一根本。思想政治育人体系既是高等学校工作的鲜明主题，必然也是检验高等学校工作成效的尺度，这是由我国高等学校的工作任务和工作目标所决定的。换言之，办好中国特色社会主义高等学校，思想政治育人体系的建设是最为根本的评价标准，是促进和带动高校其他工作发展的统率，也是真正培养一流人才、建成世界一流大学，以至高等学校能在经济社会发展中发挥积极作用的重要保证。

（二）学生个人成才的重要保障

思想政治育人体系作为学校的重要任务，贯穿于学校教育的方方面面，对个人成才起到了重要的保障作用，其表现为良好品德养成、知识技能习得、完善人格塑造、身心发展促进等多个方面。学校教育是个人成长成才的重要手段，也是个人社会化的重要途径。学生阶段是人生发展的关键阶段，也是最具可塑性的阶段，"青少年阶段是人生的'拔节孕穗期'，最需要精心引导和栽培。"教育的作用在于摆脱和弥合片面分工给个人所造成的片面性，为个人的全面发展创造条件，使全体社会成员的才能得到充分发展。学校思想政治育人体系建设的实践，本质就是学生成长成才的引导与栽培，包括良好品行的培养、知识技能的传授、健全人格的塑造、身心发展的促进等多个方面，其价值在于促进个人的全面发展，这与个人成长成才的内在诉求是一致的。可以说，学校教育在个人成才的实践中扮演了至关重要的角色，其作用不可或缺、不可替代。新时代高等学校思想政治育人体系的建设，就应善于把握其对个人成才的现实意义，客观认识学校教育的重要作用。

（三）社会发展进步的切实要求

思想政治育人体系的落脚点在育人，社会发展进步的根源在于人的进步，这是思想政治育人体系与社会发展进步的理论基础。社会发展进步是指社会运动、变化和发展过程呈现的是一种前进的、上升的、由低级向高级演进的历史趋势。

人类社会之所以呈现出不断发展的历史趋势，主要根源在于社会内部的基本矛盾运动。换言之，社会进步的根本动力来自生产力和生产关系、经济基础和上层建筑的矛盾运动。这是社会发展进步的根本原因。在这一过程中，人是最核心的要素。宏观讲，思想政治育人体系实践对于促进社会发展进步主要在于促进生产力的发展、促进生产关系的变革，而在生产力的诸要素中，人是最活跃的能动的要素，特别是用思想知识和科学技术武装起来的"劳动者"最为积极、最为革命。微观讲，思想政治育人体系建设的实践可以很好地帮助促进科学技术发展、社会交往发展以及现代文明发展。这是思想政治育人体系建设实践促进社会发展的具现化体现，也是其现实意义其在社会领域中最为直接的体现。当前，我国经济社会发展迅速，人们对建成自由、平等、公正、法治的美好社会更加向往、更加迫切。新时代高等学校就是要着力回应人民对于社会发展进步的现实需求，要将思想政治育人体系现实意义与促进社会发展进步更好统一起来。

（四）实现民族复兴的重要举措

"实现中华民族伟大复兴，就是中华民族近代以来最伟大的梦想。"实现民族复兴，需要强大的智力支撑和人才支撑，而立德树人的重要意义就在于对人力资源、智力资源的涵养孕育，这是坚持立德树人，实现民族复兴重要举措的现实依据。通俗讲，立德树人所立之德是社会主义道德，所树之人是社会主义合格建设者和接班人，这与民族复兴的价值理念与实践要求是相一致的。换言之，民族复兴的价值理念与实践要求统一于个人立德成才的实践，贯穿社会主义现代化建设的进程中，其内在要求培养肩负民族复兴大任的建设者和接班人；而新时代实现民族伟大复兴，同样对立德树人实践提出了新的更高要求，这是立德树人与民族复兴的辩证关系所在。勠力实现民族复兴，不仅为立德树人提供了明确的价值导向，也可以很好地帮助统一思想共识、凝聚社会力量。新时代实现中华民族伟大复兴，就需要进一步强化高等学校立德树人的重要作用，将我国人口优势更好转化为人力资源优势，不断提升国民综合素质，为实现民族复兴积蓄力量，更好地服务于民族复兴的伟大实践。

第三章 高等学校思想政治教育体系建设策略

本章对于高等学校思想政治教育体系建设策略进行了一定的分析，主要从高等学校思想政治教育体系建设原则、高等学校思想政治教育体系建设过程、高等学校思想政治教育体系建设内容、高等学校政治思想政治教育体系建设途径这三个方面出发展开探讨。

第一节 高等学校思政教育体系建设原则与内容

思想政治教育原则是教育者消解思想教育过程中的矛盾、提高教育水平、提升教育效果的基本准则。将焦点解决取向的尊重、正向、改变、行动原则运用于思想政治教育，可以很好地帮助把握教育者与受教育者的心理特点与发展需求，可以很好地帮助提高思想政治工作的育人水平。

一、建设原则分析

（一）以尊重作为前提

思想政治教育根本上就是做人的工作，情感又是人思想行为活动的重要基础元素，所以从这样的视角观察思想政治教育工作中现象，恰当合理地运用一定的相关知识技术解决思想政治教育工作中存在的问题，是推动思想政治教育创新发展的重要视角和抓手。一定的相关知识技术是指沟通的方式、渠道，收集学生主体的问题的方式，等等。"以尊重作为前提"这一原则的核心思想之一就是以学生为中心，为学生赋能，充分激发学生这一参与主体的潜能与动力。在思想政治教育工作中，"以尊重作为前提"这一思路同样适合思想政治教育的实践，特别是在学生的自主性、能动性不断提高的情况下，采用赋能和引导等方法可以更好地激发学生的自主能动性，构建双向互动、和谐共生的思想政治教育新格局，进而提升学生的幸福感、获得感，提升思想政治教育的实效性。

尊重每位学生的独特性与差异性是"以尊重作为前提"的基本精神，也是思政教育过程中的晤谈首则。"每个人都希望被尊重，也愿意尊重别人"。"以尊重作为前提"原则注重教育者对受教育者表现出发自内心的尊重、倾听与理解，受教育者的情绪情感都会被接纳，同时教育者不会对受教育者任意评价。当受教育者感受到自己受到尊重，他们会提升自我尊严感与个人价值感。

传统的思想政治教育实践活动是教育者对受教育者的单向灌输，受教育者视为教育的客体和被改造的对象，因而教育者缺乏对受教育者作为个体的尊重，对受教育者的需求和心理活动关注较少。而研究受教育者的需要和特点，实质是把握受教育者的思想发展情况，倾听受教育者内心的真实想法，从而据此制定切实可行的教育目标，选择贴近学生、贴近生活、贴近实际的教育内容和灵活、丰富的教育方式。

（二）采取积极正向的态度

"采取积极正向的态度"是高等学校思想政治教育体系建设的一条重要原则。其是指聚焦于正向的、积极的方面，强调探索过去正向、积极的经验，挖掘各方面内蕴的优势力量，并以此与高等学校思想政治教育体系相联结，令高等学校思想政治教育体系自身存在的内在资源得到充分利用。有学者指出，与其耗时费力、徒劳无功地寻找问题成因，不如直接聚焦目标，挖掘可以利用的、内在的资源和潜力，探寻正向的、朝向未来的、目标解决的积极观点。

思想政治教育也会运用一定的物质手段和精神手段，并通过激励的方式激发受教育者的思想动机，调动受教育者的内在积极性，自觉将组织目标内化为个人目标并为之奋斗。很多时候，教育实施者往往会使用赞美、鼓舞等技术增强学生的信心与动力。这也属于"采取积极正向的态度"这一原则的运用。这样以积极的教育方式对待受教育者，从而激发受教育者的内在潜能，也是建设体系中所不可忽视的方面。

（三）循序渐进的调整

思想政治教育也强调遵循人的思想"综合影响"形成和"渐次发展"规律，融入各种教育因素及方式中，以循序渐进的状态进行。"循序渐进的调整"，易于促使体系的改变为受教育者所接纳与理解，帮助教育者调整切实可行的教育目标，遵循教育规律、思想政治工作规律、学生成长规律，从而减少思想政治教育实践活动中的阻力，形成教育合力，实现思想政治教育过程的良性循环。

不能忽视一小步改变也是一个重要理念。在一般的思政体系建设中，很多人往往期待在短时间内获得巨大成效或者是跨越性进步。事实上任何事情的成功，都是点点滴滴积累的结果。同样的，思政体系建设也涉及多个方面，并非立刻就能跟上改变的步伐。如果设定的改进目标过高过难，那么有可能会导致体系建设的不切实际。相反，当循序渐进地调整时，随后就会像滚雪球一般带动更多的改变。

（四）结合实际采取行动

对于思想政治教育而言，行动原则要求思想政治教育要始终坚持理论联系实际，一切从实际出发，实事求是。实事求是是思想政治教育工作的科学思想方法和工作方法。要求讲实话，鼓实劲，办实事，求实效。而焦点主张实施操作性的行动能更好地为受教育者所接受。教育者要努力让思想政治教育活动建立在实事求是的基础上，是受教育者可行动且能落地执行的，做到解决思想问题与解决行动问题的统一。

采取明确合乎自身实际情况的行动是各高校建设思政育人体系的主要任务。高校要协助各方将小目标的行动去抽象化且动态视觉具体化，使得一些体系建设任务和目标容易在真实情境中落实执行，也更容易在事后进行跟进。这样在解决或者预防问题的轨道上，可以增加执行的内在动机与成功率，更能接纳与面对现在的问题，增添合理的掌控感。

二、建设内容分析

（一）理想信念教育

改革开放彰显理想信念教育的理论底蕴，1978年开始的改革开放是马克思主义中国化的生动实践，令马克思主义中国化的进程进入新的阶段，彰显了马克思主义理论生命的长青。中国共产党人的理想信念是由马克思主义的根本宗旨决定的，那就是为绝大多数人谋利益。正如习近平总书记在纪念改革开放四十周年大会上所讲的那样："我们党作为实行改革开放的历史性决策，是基于对党和国家前途命运的深刻挖掘，是基于对社会主义革命和建设实践的深刻总结，是基于对时代潮流的深刻洞察，是基于对人民群众期盼和需要的深刻体悟。""改革开放是我们党的一次伟大觉醒，正是这个伟大觉醒孕育了我们党从理论到实践的伟大创造。"马克思主义是我们理想信念的理论基础,在其指导下的我国改革开放取得了伟大的成就,同时为我国国家发展和社会建设树立了理论自信。

1. 筑牢理想信念教育的实践基础

改革开放令中国走出了自己的社会主义现代化建设之路,形成了一套行之有效的制度。我们的理想信念不是建立在抽象的概念之上,而是凝结于现实的实践之中。改革开放以来,中国在经济、政治、社会、文化、国际关系等方面的快速发展,就是我们理想信念教育的实践基础。改革开放以来,党领导和团结全国各族人民,以经济建设为中心,把发展作为第一要务,在40多年的时间里全面推进了国家的发展,改善了人民的生活,提升了我国的国际地位。今天,中国特色社会主义进入新时代,我们继续坚持不断深化改革、不断扩大开放、不断推进创新,更加自信坚定地向着"两个一百年"的目标而奋进。伟大成就来源于伟大实践,这表明中国特色社会主义制度切合中国国情,能够解决中国问题、创造中国奇迹、决定中国命运。我们的理想信念教育,就是要以我们的制度及其实践所产生的伟大成就作为现实的载体,彰显中国特色社会主义制度的显著优势,树立我们建设中国特色社会主义的制度自信。

2. 指明理想信念教育正确道路

中国共产党是用马克思主义武装起来的政党,近代以来中国人民面临着争取民族独立和人民解放、实现国家繁荣富强和人民共同富裕这两大历史任务。自成立之日起,党就团结和带领人民为完成这两大使命而奋斗。改革开放以来,党在不同时期针对国情民意,做出重要决策,一步步将中国特色社会主义现代化建设推向前进。中国共产党人解放思想、实事求是,从做出改革开放的历史性决策,到建设完成我国的工业化基础,构建成熟的市场经济发展体制,再到坚持以人为本、推进全面协调可持续发展,几十年间,中国特色社会主义建设在实践中不断前进、不断完善;马克思主义中国化进程在改革开放中不断扩展、不断深化。进入21世纪以来,世界形势发生深刻变化,我国的现代化建设取得了历史性成就,党和国家审时度势、总结经验、放眼未来,全面深化改革开放,在经济建设与社会发展,政治外交上都取得了令人瞩目的成就。通过观察改革开放以来我国在经济发展和社会建设上一路走来的历程就可以发现,改革开放是决定当代中国命运的关键抉择,是党和人民事业大踏步赶上时代的重要法宝,实践证明,这一英明决策无论在路线、方略还是在方向上都是完全正确的。其实党在探索建设具有中国特色社会主义的伟大实践中做出的英明决断,我国的社会主义现代化建设工作之所以能够取得如此辉煌的成就，归根到底在于中国共产党的正确领导与正确决策，在于中国共产党以马克思主义理论为指导、秉持全心全意为人民服务的宗旨，在理论和实践的结合中开创了中国革命、建设、改革之路。坚定理想信念，必须忠诚跟党走；开展理想信念教育，需要明确中国共产党在领导人民取得伟大成就之中所起到的引领作用。

（二）理性爱国主义教育

1. 正确又全面的了解国家

要在高等院校的学生当中弘扬爱国主义精神，首先要让高等院校的学生了解国家，正确认知我国的国情，是培养青年形成爱国主义思想要做到的基础性工作。国情教育主要针对我国的社会制度、经济、社会文化、科技、军事、国家发展状况等各个方面知识，进行我国基本国情的普及教育工作，通过开展国情教育，能够让高等学校学生更好地认知了解我国当前的真实发展情况，以客观理性的认识来看待国家的发展，正确进行国家性质和政治体制，社会文化的认知与判断。在当前的国际形势下，社会领域消费文化盛行，各类思潮借助消费领域从多渠道、多角度对青年一代造成影响，很多高等学校学生尚处在价值观跟思想认知能力，判断力尚未完全定型的阶段，因而很容易受到西方消费文化的不良影响，遭受一些负面消极价值观念的冲击，而盲目跟随西方社会推崇的功利主义思想、无政府思想、极端自由主义思想以及个人主义思想等不良的思想观念，这对青年的健康发展和正确价值观的塑造是十分有害的。所以通过加强国情教育，让高等学校学生正确认知我国的真实发展状况，从政治制度、国家体制、社会文化、经济、科技、军事等各个角度全面了解中国，正确认知我国跟世界上其他国家之间的关系，可以为高等学校学生树立理性思考，正确判断社会政治问题的能力，提升其价值判断力水平，并为高等学校学生爱国主义思想的培养形成奠定良好基础。

2. 引领学生分析国际形势

20世纪90年代苏联解体，新成立的俄罗斯成为资本主义国家，加之俄罗斯经济发展状况陷入低潮期，其在国际社会的影响力逐渐衰落，而我国经过了四十多年的发展，无论从经济上、社会发展上，基础设施建设水平上，各个方面发展水平都在持续提高，甚至从2010年开始，我国的经济总量超越日本，成为仅次于美国的全球第二大经济体，这使得一些原本就敌视社会主义国家的国家感受到强大的压力，从而在国际社会上散布中国威胁论，刻意污蔑抹黑我国，在国际社会上制造恐慌。而对于这些国家发布的针对我国进行刻意污蔑、扭曲、打击的不良言论，高等学校要通过思想政治教育让高等院校的学生具有清醒的认识，要让高等学校学生能够正确分辨哪些言论是真实理性的，哪些言论是虚假不实的，通过在思想政治教育中结合国家问题向高等学校学生分析国际形势，畅谈国际事务，使得高等院校的学生具有正确分辨国际问题的能力，从而拓展高等学校学生的国际视野，使得其有清醒自觉的认识和对世界政坛上的各类政治现象具有正确的分析判断能力。

3. 掌握西方意识形态渗透特点

首先，西方意识形态渗透的内容相对隐蔽。在经济全球化深入发展的今天，各国的交流和合作日益频繁，思想的碰撞和交流也更为密切，但一些国家有意识地将一些所谓积极的"意识形态"进行包装和处理，通过文化交流、文化输出的主要手段潜移默化地影响我国高等院校学生的世界观和价值观，让他们受到西方资产阶级思想的影响，从而达到腐蚀和渗透的目的。当前从西方国家引进的影视和图书数量越来越多，虽然从表面上来看这只是一些文艺作品，但通过一定角度的解读、观赏会发现其中渗透着深刻的西方资产阶级思想、观念和价值取向。当代高等院校的学生处在世界观、人生观成型的关键时期，他们的思维通常十分活跃，对世界的判断能力较差，这种隐藏在文艺作品、文化作品背后的、隐蔽的西方意识形态，将会潜移默化地影响到他们的思想，甚至会直接侵蚀高等院校学生的思想和灵魂。

其次，西方意识形态渗透的形式具有隐蔽性。全球经济一体化发展，国与国之间、民族与民族之间在政治、经济、社会、文化等方面的交流和融合让整个世界变得欣欣向荣，但其中也潜藏着西方意识形态的渗透。西方一些国家为了达到意识形态渗透的目的，尝试各种方法，如通过文化交流、学术交流、国际会议、学术讲座、大众文化等主要手段，将西方意识形态隐蔽地融入其中，对高等学校师生产生难以察觉的影响。尤其明显的是，在高等学校学生接触"大众文化"的过程中，西方意识形态通过看、听、说等主要手段改变学生的审美观念。这种隐蔽性的传播形式降低高等院校的学生的防备心理，让他们在毫无准备的情况下受到西方意识形态的渗透，从心灵上潜移默化地接受西方资本主义思想和价值观，甚至成为他们这一意识形态的传播者。

西方意识形态通过多种隐蔽传播形式的渗透影响着大学生，让他们产生对中国特色社会主义道路发展的怀疑，质疑中国共产党的领导，失去为党和国家奋斗的使命感和热情，失去努力学习的动力。高等学校是引领高等院校的学生形成积极意识形态的重要基地，在文化强调兼容并蓄的今天，若不能及时将危险的错误思潮进行纠正，就会沦落为错误思潮传播和发展的土壤。一些别有用心的人打着学术研究和交流的名义，将西方意识形态融入学术交流的范畴内，在高等教育国际化程度不断加深的进程中，高等院校教师与学生海外交流和学习变得更加频繁和主动，在没有防备的情况下，西方意识形态就作为高等教育国际化发展的附属品肆无忌惮地渗透到高等学校中，直接威胁着高等院校学生的身心健康和安全。同时，一些受影响较大的高等院校的学生很可能沦为推动西方意识形态渗透的人，成为西方国家对我国实施"和平演变"战略的执行者，直接危害社会主义建设的发展。

高等学校的学生的思想发展情况是我国社会整体思想的直接反映，也是时代发展的风向标，高等院校的学生是否形成了积极、健康的政治、思想风向将直接影响到整个社会的健康发展。

所以，高等学校要积极引导高等院校的学生树立正确三观，"三观"指的是人生观、价值观和世界观，这是人们对人生目的、意义和价值问题的根本看法。高等院校的学生在高等学校学习过程中，处于三观形成的关键时期，培养学生树立正确的三观，对高等院校的学生未来发展有着重要的作用。三观是属于意识形态的范畴，会随着社会经济的发展而不断发展。进入21世纪，经济全球化发展使得各国思想文化大交流，高等学校的思想政治教育遭受前所未有的冲击和影响。长期以来，传统的教育主要手段和教学内容相对落后。在这种情况下，高等学校思想政治教育必须紧跟时代步伐进行适当的改革和发展，教育内容、教育方法和教育形式都要进行创新，并结合特色社会主义社会发展的实际，在马克思主义的指引下，用社会主义核心价值体系来武装高等院校的学生的思想，让他们免受西方意识形态的渗透影响，引导高等院校的学生形成正确的三观。

加强社会主义核心价值观的引导和教育，做好社会领域主流意识形态的正确引导，在社会公众中传播正能量的思想，宣扬社会主义核心价值观，以德育教育，爱国主义教育、普法教育，提升高等专业人才对国家和社会主义的自信心和自豪感。要求要面向高等学校学生，做好党的思想、政策，方针的宣传教育工作，让新一代青年树立起坚定的政治立场。马克思主义的核心内容就是社会主义核心价值观，这也是中国特色社会主义现代化建设的精神动力之一，是实现中国特色社会主义发展战略的重要思想保证。高等学校必须坚定地将社会主义核心价值观作为基础，在进行思想政治课程教学过程中不断创新教材内容，创新课堂教学主要手段，增加实习实践环节；同时通过日常学生的辅导和教育管理等主要手段创新和发展思想政治教育的新尝试和新方法，加强社会主义核心价值观的引导和教育。在每一个教学环节中将我国的民族精神、时代精神和社会主义核心价值观融入其中，构建高等学校思想政治教育阵线，加强高等学校学生对我国政治、经济、文化方面的认同。

第二节　高等学校政治思想政治教育体系建设途径

一、加强法治资源的渗透

（一）法治相关概念论述

法治的渗透在高等学校学生思想政治教育中是十分必要的一个方面，毕竟当前高等学校学生中的法治方面的问题越来越突出。因此，对于高等学校学生法治素养和精神的渗透与培养进行分析是十分必要的。要开展高等学校学生法治素养培养的研究，我们必须首先厘清高等学校学生法治素养的概念。以往对法治素养的理解是多种多样的，笔者将从近似概念入手，分析它们之间的区别与联系，界定出一个恰当的研究对象。本书在分析法治素养与其他诸种相近概念的联系与区别之后，还对法治素养的概念进行了简单的考察。接下来，将对大学生法治素养进行界定，考察它具备哪些要素、具有怎样的组成结构以及内化与外化等，以便我们的分析调查有的放矢。

法治素养关乎国家治理的质量水平，关系社会发展与和谐稳定，关联大学生综合素质的提升。纵观古今中外的人类历史，公民法治素养成为文明社会公民素养培养的重要组成部分。对于公民个体而言，法治素养形塑了其人生道路的方向。对大学生群体而言，他们正在从学生向成人转型的关键时期，已经一只脚踏入社会，他们的知识水平、实践能力、思想政治水平、道德素养等方面在青年群体中相对较高，是未来社会主义建设的主力军。培养大学生法治素养，关键在于充分了解法律知识和理解法律法规背后蕴含的价值观，在于充分运用法律知识及技能开展实践工作、践行法治观念，在于充分利用法治素养提升个人综合素养，为中国特色社会主义法治建设贡献自身的正能量。

法治素养是大学生素养必不可缺的一部分。素养，《辞海》解释为"平素的修养"。素养并非先天所得，乃是后天经由环境熏陶而来。关于素养的概念，笔者从素养一词的本义以及组成维度进行梳理。在词的本义上，"素养"的含义比较丰富。法治，《辞海》释义为"依照法律治理国家"①。《现代汉语词典》释义为"根据律治理国家和社会"。张文显教授认为，完整意义的法治包括三个层次，即法律体制、法律制度和法治文化②。

有学者认为，法治是一个实践的概念，道德上的理想与政治上的抱负是法律应该担当的使命，而法治所关心的乃是法律统治地位的确立与法律的有效实施。也有学者认为，法治就是指在民主的前提下，尊崇法律至上，以法治国的一种理念和手段。本书将法治定义为：法治是现代社会治理的主要手段，遵循法律制度、法律体制、法律文化为内涵的价值观，具备很强的实践性。

法治素养是公民适应社会生活的必备素养，是法治在个人日常生活中的具体实践和表现。法治知识、法治思维、法治信仰、法治精神、法治能力和法治行为，构成了大学生法治素养的六个基本要素。

需要注意的是，这六者之间相互依存、相辅相成。丰富的法治知识为各项能力要求的基础，只有具备了丰富的法治知识才可能树立严谨的法治思维。具备了丰富的法律知识后，在严谨的法治思维的影响下，大学生才能逐步积累健全的法治能力，在法治能力健全的基础上树立健全的法治精神、坚定的法治信仰，从而达到自觉践行社会主义法治行为的要求。

首先，法治知识是基础。大学生经过不断学习法治知识，才能更好践行中国特色社会主义法治行为，将其更全面的内化为法治精神，进而树立牢固的法治信仰。一旦轻视法治知识的积累过程，没有足够的法治知识做铺垫，法治素养自然也就成了无本之木、无源之水。对高校而言，应该在大学思想政治课程设置中设计法律教育专题课，为个人法治素养的提升打好基础。

其次，要形成法治思维。思维决定出路，行为体现素质。具体说来法治思维是掌握法治知识后的一种升华，不仅要熟悉基本知识，更要有规则意识，能用法治知识来主导思考并将其应用到实际生活中解决问题。法治思维是运用法治的一种思维方式，最突出的一点就是规则意识明显，以法律的规定来要求自己，思考和决定前以遵循法律为根本出发点，以违法的后果为行为的警戒线。大学生要依靠规则章程处理事务，对自己所应承担的责任与义务有清晰而明确的认识。大学生还要能够将法律知识应用于实践。严谨的法治思维可以很好地帮助大学生做出

---

① 陈志立.《辞海》[M].上海：上海辞书出版社，2020.
② 中国社会科学院语言研究所词典编辑室.现代汉词典[M].北京：商务印书馆，2016.

科学正确的决定，有效地规避大学生群体中部分存在的意气用事、主观臆断，尤其是在情感、道德与法律发生冲突时，能够在法治思维的运用中做出正确的决策，在反复运用中不断提升自身法治素养，自觉在日常生活中践行法治行为。

再次，法治信仰是关键。现代化与法治内在联结、相互依存。只有公民树立坚定社会主义法治信仰，法律才有可能在社会中真正发挥应有的作用。在大学阶段，大学生看待事物的角度日益成熟、理性。在学生真正步入社会之前就让法治信仰在其心中生根发芽，对其今后的成长发展有所助益。大学生群体应该在成长成才的关键时期接受全面的法治教育，成为中国特色社会主义法治社会建设的中坚力量。

还有，足够的法治精神准备是良好法律被接受的前提。"尊学守用"是有机整体，尊法是前提条件，必须把着力培养法治精神放在第一位。法治精神是树立法律信仰后的产物，也决定是否拥有和实践法治能力，大学生不仅要"尊学"，更要能"守用"。在优秀法治文化的感召下，大学生能够自觉遵守、共同捍卫社会主义法治。法治精神强调规则意识，不仅心中有规则，更要行动守规则。一旦没有健全的法治精神，大学生法治素养的培养就只能是空中楼阁。在大学生群体中把健全的法治精神作为价值目标，将是助力法治中国梦实现的强有力的精神支撑。

最后，法治能力和行为是基石。法治能力指的是大学生具备法治知识与法治思维之后，拥有将知识和思维付诸实践的能力。现阶段大学生要以完备的法治能力为行为准则，从目前大学生普遍法律行为来看，这一群体的用法能力还需要进一步提升。大学生无论是思想还是行动都是较为超前的社会群体，在用法方面的欠缺主要表现为：对自身权利行使、维护、救济等程序了解不到位，比如对部分政策法规和某些判决处罚存在看法，却不能通过合理合法的途径表达个人见解和建议，容易会演变成互联网上的谩骂和攻击，等等。法治能力水平影响国家法治能力治理现代化的进程。大学生作为高学历群体，更需要综合运用法治思维，提高法治能力，采取合理合法的行为手段解决自身面临的社会事务。因此，大学生需要提升自身的用法能力，能够灵活运用法治思维认识问题、解决问题，采取法治主要手段处理相关问题，能够运用法律解决实际问题，将生活与法治紧密结合。

法治行为是指当代大学生要自觉践行社会主义法治行为，在个人事务处理中能够用法律知识与法治思维解决问题，有效运用法律知识、法治思维思考问题、判断对错、做出决策、参与社会生活，不仅掌握课堂教学中的法律知识，还要在课余充分发挥自己的好奇心和求知欲，阅读相关法治著作、观看相关法治节目等，这些都是整体提升自身法治素养的有效途径。大学生要有强烈的责任意识和规则意识，这既是法治思维的基础又是法治思维的表现。大学生应勇于承担自己的责任，依照规章制度和程序来处理事务，将法治意识付诸实践。只有将完善的法律知识和严谨的法治思维外化为自觉的法治行为，现实生活实践中不断运用，才能在根本上树立法律的权威，推动法治社会的建设。

就法律信仰的实质而言，它是社会主体对法律在理性认识基础上产生的一种感性心理，这种心理集中表现为对法的高度认同和信服。就法律信仰的作用而言，它不能只是一种社会治理的工具，当然也不是一种基于遵守规则而对法律条文的机械信仰，它实际上应该成为包含人们理性思考同时又极富人文关怀的价值体系，它的作用就在于能够在日常生活中指导人们进行选择，并将其上升为一种哲理思考。就法律信仰的来源而言，它必须是人们发自内心的信赖与遵守，这种信赖表现为人们在知、情、意三者上形成一种有机的统一体。因此，从这个角度而言，传统时期的人治是法律信仰的最大敌人，处在人治环境中的民众深感"天威难测"，对法的信赖和神圣感更无从谈起。再进一步而言，人们对法律的这种感觉必须来自人们的日常生活，即与法律相关的法治实践。这一点也提醒我们法治素养培养的重点。我们还可以对法律信仰进行分类，就人们对法律信仰的态度而言，可以有绝对法律信仰与理性法律信仰两类。前者强调"绝对"二字，不容许人们对法律有丝毫的质疑与不满；后者则强调"理性"，即在对法律精神信赖的基础上对目前的法律条文进行合理的质疑。同时，我们也可以根据主体的不同将法律信仰分为多种类别，与思想政治教育研究密切相关的是高等学校学生法治信仰。高等学校学生的法治信仰具体来说，应包括了学生主体对法治发自内心地相信与在日常生活中的行动遵循。

此外，就法治意识而言。首先，法治意识是学生必备性的品质素养。法治社会里，高等院校的学生认识、参与、改造社会始终离不开法治意识，法治意识是帮助高等院校的学生实现现代化和社会化的必备品质素养。高等院校的学生的法治意识是对法治社会客观现象的反映，是法治社会的产物，具有与生俱来的社会性，始终伴随并深刻影响着高等院校的学生的一生。其次，法治意识在学生的实践中逐渐深化。学生对法治意识的认识总会受到主客观实践水平的制约，如思维能力、知识水平等，绝不会一蹴而就。另外，法治意识作为根植于法治实践基础上的复杂的、变化着的社会意识，对法治意识的认识本就需要一个过程。因此法治意识培育要立足高等院校的学生的生活实际，针对不同主体，采取不同的主要手段。最后，法治意识使学生自觉参与法治实践。我们应该知道，区别于其他社会意识，法治意识不仅仅是一种思想观念，它还体现了社会价值取向，是先进的社会意识。

列宁说:"人的意识不仅反映客观世界,而且创造客观世界。"也就是说,法治意识作为先进的社会意识,不仅能够发挥其先进性,使学生在社会意识逐渐内化为个体意识的过程中逐渐树立起正确的法治价值观念、逐渐正确认识法治现实,还可以很好地帮助学生在正确的观念指导下,自觉地参与社会主义法治实践。

正是因为法治素养和法治意识不强,所以高等学校学生违法犯罪时有发生。在现实生活中,极少数高等学校学生由于法治观念不强、法律意识淡薄、法治素养不足,挑战法律底线,做出违法行为,甚至是社会普遍关注的犯罪行为,为法律所不容,其扰乱了法治秩序,受到社会公众的强烈谴责。分析这些案例,非常必要也很有意义,既能够给教育者以启示,也能通过这些社会关注面高的典型案例,让高等学校学生知道哪些行为合法和违法,从而重视法治素养的提升。所以,本书选取了几个高等学校学生违法犯罪的典型案例,力求做到具有代表性又可以覆盖多方面。从分类看,包含刑事犯罪与经济犯罪;从犯罪主客体看,包含人与人的关系、人与动物的关系;从犯罪动机看,有过失犯罪与故意犯罪;从案件发生地点看,有高等学校也有国外;从涉及高等学校学生群体看,有知名高等学校、一般高等学校,也有职业技术学院;从案件起因看,有情感纠纷、交通肇事、同学关系等。这些案例涉及方方面面,具有典型性,覆盖面也较广,同时又与高等学校学生生活密切相关。

大学生的法治素养经过学校培养和个人修养的自我提升,逐渐形成一种稳定的品质结构,这个品质结构具有内在性与外化性的双重属性。其中,内在性强调有意识地认知法律、适用法律;外在性注重物质层面上对法治的行为表现。内在性强调对法律的信仰,与更强调记忆法律的知识性相比,内在性增加了认识主体的思维创造过程,即对法律知识的提炼、加工与整合,最终达到对法律的认同;实践性强调对法律有意识地践行,与外化性注重凸显对运用法律不同,外化性比前者更加抽象,综合了知识性与实践性,是历经无数次对法律知识的实践后固化成的对法律的自觉遵守。

内在性是指大学生从内心对法律与法治权威性的确信与尊重。法治素养是将法律视为定纷止争、调整利益分配和体现公平正义的重要手段,是发自内心地将法律视为人类理性的典范与最高的信条,尊重法律的权威。法治素养的内在性主要体现为对法治文化的塑造,使法治的精神、思维和主要手段融入人们的生活,让法治成为人们的生活方式,让人们形成一定的思辨和理解能力。大学生受过系统的法治教育和法治实践体验,更有利于形成对彰显理性的法律的信仰,在内心树立对法律与法治权威的尊重。

法治不仅在我们的心中，更应体现在日常生活的一举一动，贯穿每个人的一生。外化性是指大学生法治素养在行为上具有一定的表现力。大学生法治素养的外化性是在其内在性的基础上以行为表现出来的对法律的遵从。亚里士多德提出："法治应包含两种意义：已成立的法律获得普遍的服从，而大家服从的法律本身又是制定良好的法律。"此处的前一种含义就是对法治素养外化性的重要演绎。具体而言，人们对法律会形成内化于心的认识，并指导人们的行为，从而体现对法律的信仰和服从，这一过程往往是春风化雨般展开的。例如：主动拒绝中国式过马路，在红灯前自觉停步；面对诈骗，能快速对其进行识别与应对；等等。

大学生法治素养的高低，是衡量一个国家、一个民族、一个社会文明程度的标准之一。法律与大学生的日常生活密切相连，大学生在平时的学习过程中，要理论联系实际，做到知法、懂法、用法，把法律意识上升到法律信仰的层面，贯穿于我们的生活中，用法律的武器来武装自己。

（二）大学生触犯法律时有发生

2014年，一起高等学校学生掏鸟窝案引起了社会公众的关注。闫某某是河南郑州职业技术学院一年级学生，偶然之间伙同其友在树上鸟窝中猎取小鸟12只。事后，闫某某将其中10只分三次贩卖给郑州、洛阳等地的买鸟人，共获利一千余元。得利之后，两人不知收敛，又猎取4只小鸟企图获利。两人最终被拘留批捕。该案由新乡市辉县市检察院提起公诉，最终判处闫某某有期徒刑十年半。

本案的本质属于猎捕、收购野生动物。本案的特殊之处有三：第一，案中所涉并非人际关系，而是人与动物之间的关系。第二，案中的犯罪主体涉及高等学校学生，高等学校学生猎捕野生动物牟利。第三，该案引起了一定范围的社会讨论，具有一定的教育和反思价值。

这一案件有着重大的社会意义，带给我们如下的启示。第一，对珍稀动植物进行刑法保护的整体反思，尤其是刑罚设置方面的研讨，构成人类中心主义与自然生态法益的冲突图景。第二，警醒民众，尤其是受过高等教育的知识分子，要加强法律的学习，充分理解法律尤其是刑法所表达的行为规范，避免因贪小利而触犯刑法。同时，高等学校对学生的法治教育仍然欠缺，应当在现有基础上，探索系统性的法治教育方案。第三，建议动物自然保护宣传与法治教育相结合，将刑法所涉及相关的动物保护条款用通俗易懂的主要手段向高等学校学子和社会传达，在鼓励动植物保护的同时培养高等学校学生以及公民的法治意识。

2017年，高等学校学生汪某发现"京东白条"的规则中存在漏洞，他不需绑定本人银行卡,伪造身份证件就可享受赊账支付的功能。于是,他伙同好友数人利用规则漏洞套现京东公司网购平台 110 余万元。其后汪某及其同伙被逮捕,众人因诈骗罪被判处期限不等的有期徒刑,最高者 10 年 9 个月。

本案的实质是利用相关规则漏洞获利。有如下特征:第一,本案涉及网络借贷。网络借贷属于新兴事物,高等学校学生及社会公众对相关法律认识不足。第二,本案涉及的犯罪主体为高等学校在校学生,需要我们反思高等学校学生与网络借贷的关系。第三,本案中"京东白条"存在漏洞。

本案带来的启示有如下几点。第一,将高等学校学生道德教育与法治教育结合。应加强高等学校学生的思想素质教育,培养拒绝贪图小利、违背诚实信用的行为,同时加强法律素养教育,更多开设法学通识课程,不仅注重宏观上的法治理念、思维,也注重法律风险防控。高等学校教育观念需要更新,高等学校人才培养不能只注重专业能力,应加强综合能力培养,其中,法律风险防范应受到足够重视。第二,京东白条的设计本意是方便高等学校学生使用其服务。从更广的视角看来,当前相当多企业的业务、服务是针对高等学校学生设计的,同时也有相当多的法律漏洞或诸多灰色地带存在,因而高等学校学生就面临特有的法律风险。因此,对应的企业应当积极承担社会责任,针对高等学校学生这类群体的文化和心理消费特征,制订科学的风险防控体系。

(三)加强法治资源渗透的目的

法治素养培养的目的是培养具备扎实法治知识、较高法治意识、良好法治思维、较强法治实践能力的高等学校学生,进而实现高等学校学生德法兼修、全面发展。高等学校学生法治素养从内涵上集中体现为高等学校学生对法治知识的掌握程度,其不仅能促进高等学校学生个体的全面发展,而且能作用于法治实践,从而转化为外在力量助推全面依法治国的建设。因此,高等学校学生法治素养作为指引和规范高等学校学生行动的精神指南,是高等学校学生维护正当权益、促成德法兼修,从而促进自身全面发展的内生动力,是推动法治国家建设的重要基础,是实现良法善治的重要方面。

1. 形成一股法治的精神

法治素养是现代法治建设的精神动力,法治建设的进程也是法治素养逐步深入民心的过程。高等学校学生法治素养关系到全面依法治国的进程推进。

如果没有了法治素养的支撑,法律将仅仅是冷冰冰的条文,不可能使纸面的法律变为人们自觉的行为模式。因此,整个社会的法治素养的高低,对法的施行具有至关重要的影响。只有高质量开展高等学校学生法治素养培养工作,才能调动每一位高等学校学生对法律的尊重和认同,从而使法律在高等学校学生群体中获得影响力和感召力,从而推动法治校园、法治社会乃至法治国家建设。

高等学校学生法治素养的培养,既能促进高等学校学生个人法治活动的能动性及自身全面发展,也能为推进国家的法治建设提供强有力的支撑。高等学校学生法治素养的培养能够逐步让高等学校学生拥有社会正义观和正确的价值判断,并能将这种价值判断转化为现实的行动规范。以法治素养作为导引,高等学校学生群体本着对法律的认同,自觉做到尊法、学法、守法、用法和遵守社会道德的相关要求,使法律深入人心,进而推动形成和谐有序的社会秩序,助力全面依法治国建设。同时,高等学校学生接受高等教育,是群体中最有朝气活力的一部分。高等学校学生的法治素养往往反映着一个社会整体法治素养的高低,预示着社会整体法治素养的发展方向。因此,高等学校学生法治素养的功能还在于引领社会不同群体法治素养的培养提高,为公民法治素养的整体提升提供知识上的普及、方法上的借鉴、方向上的指导。

高等学校学生的法治素养源于高等学校学生对法律法规的理解和掌握,源于高等学校学生对法治实践的经验总结,但同时也作用于高等学校学生自身的成长发展和其所生活的法治中国。高等学校学生法治素养培养的功能,在于维护高等学校学生自身正当权益,保护高等学校学生自身正当权益不受侵犯。因此,法治素养培养的功能也在于推动高等学校学生成为"德法兼修"的高素质人才。同时,法治素养在诸多素养中居于核心地位,高等学校学生法治素养培养的功能还在于促进高等学校学生的全面发展。高等学校学生法治素养培养的四个功能环环相扣,从个人到集体,根本指向是推进全面依法治国的建设。

概言之,培养高等学校学生法治素养的目的是让高等学校学生的内心中具有最高效力的"法律",以其指导和规范个体参与社会的各种法律行为,带动和促进自身全面发展。高等学校学生法治素养培养的能动作用于当下乃至未来法治中国建设的深入推进。

2. 准确把握与理解法律法规

培养高等学校学生法治素养的目的之一就是促进高等学校学生对法的产生、本质、运用等的理解和对法律法规的准确把握。而法律规范属于人们日常生活的基本准则,因此高等学校学生法治素养培养的首要功能就在于引导高等学校学生合法地参与社会生活、依法行使权利和自觉履行义务。通过合法的途径维护自身的正当权益则是高等学校学生积极参与社会生活的应有之义。

高等学校学生作为权利主体，既享有宪法法律规定的公民一般权利，如人身自由权、平等权等基本权利，也享有专门性法律规范赋予的各项权利。《普通高等学校学生管理规定》第6条明确规定了高等学校学生在校期间依法享有的七个方面的权利。维护权益的前提首先是明确何为正当权益，而无法分辨自身合法权益是否受到侵害，将不利于高等学校学生合法权益的维护[①]。

高等学校学生应对侵权事件时能否自觉运用法律手段维护自身正当权益，即对自身正当权益的积极追求和维权所用手段的合法性情况，是高等学校学生是否具有较高法治素养的评判尺度之一。高等学校学生具备较高的法治素养，才能使其在应对侵权事件时，根据现实情境认清事件的性质并做出正确的法律判断，以明确采取何种合法手段方可保障自身的正当权益。例如，若某学生被所在高等学校开除学籍后，受教育权必受到一定影响，此时高等学校学生具备相应法治素养即可根据相关法律判断该高等学校的行为是否符合法律程序，若不符合即提起行政诉讼进行救济，从而维护自身正当权益。

高等学校学生维护自身正当权益，也必须采取合法的途径。这包含两个方面，首先高等学校学生须认识合法的维权途径，并为合法维权途径收集相应证据。例如，当前仅有少部分的高等学校学生与实习单位签订了劳动合同，这不仅是合法权益的丧失，更使得此后维权无据可依。而当高等学校学生具备相应的法治素养就会明确维权合法途径，留存维权证据。其次，教育和告知高等学校学生要敢于通过合法途径维护正当权益。例如，高等学校学生在实习期间面对侵权行为时，具备良好法治素养的高等学校学生可依据《民事诉讼法》的规定向法院提起诉讼，或按照其他非诉讼的民事赔偿规定提出索赔请求。

按受教育年龄计算，高等学校学生年满十八周岁时即为完全民事行为能力人，可独立法定权利以及承担相应的法定义务。高等学校学生依法律己、运用法律维护自身的正当权益的同时，还能够利用法律为身边权益受损害的群体提供法律援助，维护社会公正。

3. 体现社会主义道德的价值

培养和提高高等学校学生法治素养，其道德水准也会随之提高，逐渐成为德法兼修的新时代好青年。

法律是底线的道德，是具有国家强制力约束的行为规范。党和国家注重将道

---

① 引自2017年教育部《普通高等学校学生管理规定》。

德规范的合理内核融入法律条文。法律是底线的道德，也是道德的保障。因此，要推动道德修养和道德行为朝着健康有序的良性方向不断发展。

基于学习、实践而锻就的高等学校学生法治素养，不仅蕴含着依法参与社会活动的实践内涵，更讲求平等、正义、诚信和友善等社会主义道德的价值。高等学校学生法治素养培养的功能还在于将这些道德价值与法律理念相贯通。在我国经济社会深刻变革的大背景下，高等学校学生易受西方思潮影响，应教育引导高等学校学生践行平等、公正、诚信等道德价值准绳，自觉履行法定义务和社会责任，培养和造就"德法兼修"的新时代高素质法治人才；必须调动法治的内生动力和活力，更好地发挥法治的引领和规范作用。

4. 促使高等院校学生的全面发展

法治素养的提高不仅仅是单方面素养的提高，更能引领其他素养的培养，促进高等学校学生全面发展。

教育的根本任务是培养全面发展的时代新人。高等学校学生法治素养的培养对于高等学校学生坚定法治信仰、丰富法治知识、加强品德修养、涵养诚信品格、增强综合素质等方面均有促进作用。

法治素养的培养能够促进高等学校学生的全面发展。"有意识的生命活动把人同动物的生命活动直接区别开来。"人的一切法律行为都是在一定的法治素养的支配下进行的。具备良好法治素养的高等学校学生在意识到自己是作为法治主体、独立的行为人而存在、发展和活动着的基础上，能自觉学习相关法律法规，并按自身需求积极运用合法手段争取正当权益，把自身的法治素养转化为满足自身的生存与发展的实践活动，从而保护和促进自我的全面发展。

高等学校学生具备良好的法治素养，可以很好地帮助维护自身的正当权益、促成德法兼修及成为良善之人，可以很好地帮助充分实现自身的价值，可以很好地帮助调动自身的潜能。因而，高等学校学生法治素养无论是作为一种精神存在，还是其转化为实际的物质力量，都是高等学校学生成长发展的必然要求，是实现德智体美劳全面发展的重要因素。换言之，高等学校学生的法治素养的培养质量和水平将直接影响到高等学校学生的全面发展。

（四）法治与思政体系结合途径

1. 思政与法治意识一体化培育

中华人民共和国成立以来，思政教育在党的指导和关心下，取得了经实践检验了的卓越成绩。但由于国家经济发展水平、教育教学规律认知水平等主客观条件的限制，思政课在高等院校教师素质、教学效果、课程体系建设等多个方面仍存在问题，其中，各学段思政课按部就班、相对独立，缺乏联系与交集，未形成全程育人合力的问题最为突出。20世纪90年代起，党就已开始探索大中小思政课一体化育人，如1994年《中共中央关于进一步加强和改进学校德育工作的若干意见》就强调，学生的遵纪守法意识是一个通过教育逐步形成的过程，"整体规划学校的德育体系要遵循青少年学生思想品德形成的规律和社会发展的要求，根据德育工作的总目标，科学地规划各教育阶段的具体内容、实施途径和方法".[1]。

新时代，新形势，新任务，新挑战，思政教育要实现内涵式发展，必须把思政和法治一体化建设作为重点工程，不断推进。具体而言，也就是说，要从高校教材中法治意识培育的相关内容出发，对法治意识培育的目标、内容、深度和主要手段做到合理布局、科学分工，以形成思政体系和法治意识培育的有机整体，最终实现在"循序渐进，螺旋上升"的过程中培育学生的法治意识。

2. 有针对性地设计育人目标

"基础不牢，地动山摇"。大学是学生迈出家庭，步入学校，开始接受生活与工作挑战的第一个社会化过渡阶段，大学思政教育是学生步入社会的基础，大学思政素养的培育目标为学生将来在生活和工作中的发展奠定了基础，是实现学生更好发展的重要支撑。很多大学生的大学阶段共涉及4个学年，在思政教育中要遵循大学生发展规律，分别针对不同的年级设定了不同的培养目标。比如要从大学一年级开始，重点培育学生的规则意识和责任心，逐步渗透规则意识。

笔者分析、整理高校思政课法治意识培育目标后发现，高校思政课法治意识培育的目标仍可以归纳为知识、能力、情感态度价值观各层次上的不同要求，且各层次较之前都有一定程度的深入与强化。

3. 不断深化与完善育人目标

大学是很多人接受系统规范教育的最后一个阶段。经历十几年的学习生活，高等院校的学生身心逐渐成熟，已初步形成了适应社会生活的基础性思维、知识和能力等，并且以感性为主的自我中心思维也逐渐开始向以理性为主的抽象性思维转变。另外，对部分大学生来说，大学阶段学习后就直接步入社会生产生活。因此，高等院校的学生的主客观需求都对高校思政教育提出了更高的要求，法治素养的培育亦是如此。

---

[1] 中共中央.中共中央关于进一步加强和改进学校德育工作的若干意.1994年.

高校思政与法治意识培育的重点在于让高等院校的学生了解国家的基本法律知识，做学法守法的大学生。首先，在知识层面，大学在思政教育法治意识培育的目标基础之上，规定学生要知道基本的法律知识，了解法律在个人、国家和社会生活中的基本作用和意义，不仅扩宽了法治意识培育知识目标的内容广度，从了解未成年的基本权利和义务到对国家基本法律知识的了解，而且延伸了法治意识培育知识目标的深度，从懂得规则、法律对个人权利和社会公共生活的意义到明白法律对个人、国家和社会有序发展的作用、意义。其次在能力层面，高校思政体系对法治意识培育的目标，从尚无明确或清晰的能力要求向学生应具备的必备能力转向，要求学生学习运用法律维护自己、他人、国家和社会的合法权益。最后，高校思政课与法治意识的培育并没有延续知识与能力层面上的明显的深入与强化规律，而是对一些目标的进一步延续，强调高等院校的学生要树立规则意识、法制观念，有责任心。

4. 丰富思政教育中法治的内容

"风华正茂，书生意气"，大学阶段是青年时期的重要阶段，是成长与发展的关键性的阶段。思政与法治意识培育的内容是实现大学生更好发展的最直接、最值得信赖的手段，它不仅具体化了思政与法治意识培育的目标，而且是决定思政与法治意识培育方法的重要依据。在大学思政与法治结合的进程中，内容更是"实现一体化建设的核心要素"。所以，要想提升思政体系的有效性，离不开对大学思政体系中法治意识培育内容的分析。

思政教材中存在着大量的关于法治意识培育的内容文本。法治意识作为现实社会生活的必备素质与能力，是高校思政教育的核心素养之一和重要的课程目标，并采用学生拥有法治意识"应能够……"的形式表述高校思政与法治意识的培育目标内容。

那么如何才能科学而有效地对这些规范文本进行分析呢？我们可以利用主题式分析方法（The Matic Analysis），其作为质性资料分析方法之一，是用于识别、分析和报告数据中的模式（主题）的方法，合理运用主题式分析方法可以帮助我们分析和研究高校思政教材文本中的法治意识培育内容。遵循主题式分析方法的一般步骤，首先多次阅读分析文本，然后根据具体文本的不同句意形成不同的潜在主题，最后对每个潜在主题进行检查回顾、比较分析、凝练共同部分，形成分析文本的关键主题。

5. 关注学生的发展

需要认识到的是，在大学阶段，绝大多数学生不仅拥有充沛的青春活力、创新思维和实践勇气，而且还在学习和生活中逐渐练就了深刻的理性思维和适应社会发展的道德品质。处于青年初期的大学生越来越关注人生的理想信念、个人的发展目标、社会的生存法则和现实生活的应然价值，追求思想、知识、实践能力等综合素质的发展。高校思政教育是思政教育一体化建设的最后一环，要关注学生所思、回应学生所需，为学生人生成长奠基，为学生下一阶段发展引路。

（1）特别关注学生们的学习和生活

立足学生学习生活，重在感受法律常识是非常重要的一点。高校思政教育中的法治意识培育的内容，无论是课程标准中内容的规划，还是教材中内容的设置，均表现出立足学生学习生活，潜移默化地让学生在学习生活中感受法律常识的强烈倾向。

一方面，高校法治意识培育的内容围绕着学生学习生活所蕴含的宪法常识而展开；另一方面，高校法治意识培育的内容除了围绕国家宪法之外，还包括国家其他法律以及法治理念的法律常识性内容。从课程标准所规划的法治意识培育内容来看，首先是以公民基本权利和义务为重心的宪法常识培育内容，其中既包括宪法常识的延续与深化，又包含新增加的内容，如对国家领土神圣不可侵犯的认识、对中华民族统一性和多样性的了解等。其次是以学生生活为中心的国家其他法律常识性内容，包括吸毒违法、通信中的法律规范、消费者的合理权益等法律常识性内容。最后是学生要运用法律保护自己的一种初步的法治理念。

另外，从教材设置的内容来看，仍坚持以学生发展和学习生活为中心，具体落实国家所规划的内容，主要表现在以下三个方面：一是将宪法所规定的公民基本权利和义务回归学生学习生活常识，如通过班规的制定、执行以及改进，公共场所行为规范的养成等让学生明白尊重规则、按照规则办事的原则，通过班委会的选举常识给学生埋下行使和尊重选举权的种子。二是让国家法律对公民的保护回归到学生的成长，比如拓展酒驾违法的交通安全法规内容，消费纠纷的避免与解决的消费者权益保护法规内容，关于预防犯罪的法规内容，等等。三是让法治意识理念回归到学生运用法律保护自己，如大学生要学会反思校园冲突发生的原因及解决措施，遇到欺负要果断采取措施，要树立守法用法意识，依法维权。

（2）关注大学生的个人成长

基于大学生的学习成长，重在普及法律知识。在身心发展的重要时期，高校思政课更加关注高等院校的学生自我、独立和理性的意识，更加关心大学生对社会关系的处理、适应及成长，更加注重大学生正确"三观"的形成。笔者对高校思政教材中关于法治意识培育内容的分析后发现，高校思政课法治意识培育内容的重点是基于学生的学习成长，普及国家宪法以及其他法律、中国特色社会主义法治理念的知识。

第一，高校思政教育进一步扩宽和深化了学生对宪法以及国家其他法律的认识。从高校思政课课程标准对法治意识培育内容的规划看，高校思政教育已经不满足让学生感受宪法及国家其他法律的常识，而是横向扩宽、纵向深化，强调学生要知道国家基本的法律知识，如宪法内容的规划上新增了我国基本经济制度、根本政治制度的具体内容，消费者合法权益从如何避免的常识到行使法律赋予的"后悔权"维护正当权益，等等。与此同时，教材中法治意识培育内容的知识性和理论性也更强，在很大程度上凸显了国家宪法及其他法律内容的知识性、理论性。

第二，高校思政教育相对全面地普及了社会主义法治理念。相较于之前思政教育中法治意识培育内容的改变，高校思政教育中法治意识培育的内容不仅仅体现在知识性上的凸显，而且体现在首次相对全面而又完整地让高校生加强对法的认识，即法治理念。高校思政课课程标准规划的内容中就要求，要让学生知道法律的内涵、宪法是根本大法、权利与义务的统一、违法与犯罪及其区别、法律监督与制约机制、法律面前人人平、守法用法、弘扬法治精神等。教材也增加了与法治理念相关的内容。

（3）思考如何促使学生立德成才

着眼高校生立德成才，重在强化法治价值。高校思政课课程结构，相较于之前的中学思政课程结构来说更为复杂，除了必修课程外，还设有选择性必修和选修课程，其中"必修课程是培育全体学生学科核心素养的基本载体"。高校法治意识培育的主体是全体学生，因此，高校思政课法治意识培育应着眼于高校思政课必修课程。笔者对高校思政课课程标准和必修课教材中关于法治意识培育的内容分析后发现，高校思政课法治意识培育内容着眼于高校生立德成才，以国家宪法和法治理念为载体，强化中国特色社会主义法治的价值。

第一，把握宪法的价值和意义，坚定政治立场。一些高校对必修课程所规划的法治意识培育内容集中于国家宪法中的基本经济制度、基本政治制度、公民的基本权利和义务这几个方面。与中学不同的是，高校思政教育中的法治意识培育内容，不只局限于法律的实然性知识，更加强调法律的应然性价值和意义，如宪法规定了"中华人民共和国公民有依照法律纳税的义务"，高校思政教育已不满足学生知道宪法所规定的具体内容，更是从经济理论层面揭示公民纳税的原因、价值、意义，使学生在对纳税的价值与意义理解基础上，自觉做到依法纳税。纵观高校思政教育中法治意识培育的内容，我们可以看到，让学生在理解国家根本大法对国家基本经济制度、基本政治政治制度、公民基本权利与义务规范的应然性价值基础之上，自觉认同中国特色社会主义，坚定政治立场，建筑了高校思政与法治意识培育的基本内容。

第二，建设社会主义法治国家，强化法治思维。作为先进的国家治理主要手段，法治是现代和未来社会秩序的基本形态。建设中国特色社会主义法治体系、建设社会主义法治国家是坚持和发展中国特色社会主义的内在要求。高校阶段是学生思维逐渐走向成熟的关键时期，高校思政教育理应进一步强化高等院校的学生适应现代和未来社会的法治思维。高校思政教育也强调，高校学生要明确依法治国的总目标、基本要求及重要意义。高校思政课也在教材中设置了具体的相关内容。另外，高校思政教育中法治意识培育内容与之前的中学的培育内容的另外一个不同地方在于，注重将法治内化为学生的基本思维方式，并强调在法治思维的指引下有序参与国家经济、政治、文化等方方面面的公共社会生活。

由此可见，高校思政教育基本围绕宪法和国家其他法律、法治理念这三个核心主题展开，法治意识一体化培育的内容在整体上还是呈现较好的状态。但仔细考察法治意识培育内容在不同学段的分布、比重等，可以发现，当前思政与法治内容的渗透在内容布局上，还存在着不合理的地方。因此，要想建设好高校思政育人体系，广大相关工作者还需要继续在今后的工作中不断努力。

6. "互联网+"下培育法治素养

需要注意到的是，"互联网+"使高校思想政治教育的环境变得更加复杂。在规范大学生网络行为的过程中，道德和法律应该相辅相成、共同作用。

第一，高校应该充分利用资源优势进行校园法制宣传，培养大学生的法律意识，引导其合理合法使用网络工具，正确利用网络平台表达诉求，不得触碰法律的底线。高校还应该引导大学生增强网络安全意识，提高学生运用法律保护自己、抵制网络侵害的能力。同时，要从制度规范层面健全校规校纪，尽快弥补制度缺失，完善对大学生网上行为的现实约束管理制度。抓紧制定"网络使用规范管理办法""大学生网络道德规范""大学生文明用网倡议书"等。

第二，大学生必须做到学法、懂法、守法、用法。首先要认真学习网络法律知识，自觉遵守网络相关法律及管理条例，增强法律意识，树立正确的网络思维。其次，在网上要以法律为准绳严格要求自己的行为，任何时候紧绷法律之弦，不能越过法律红线。不得借助网络参与危害国家主权、安全和利益的活动，不得参与极端宗教活动。

第三，发挥政府的保障作用。首先，政府要依法治网，健全法律法规，加强对网络的管理。建立一支政治素质过硬的网络警察队伍，坚决打击网络违法行为。从源头上清理各种乌烟瘴气的污染网络环境的信息，杜绝其蔓延和传播。其次，政府要充分发挥职能和作用，联合社会各界努力维护良好的网络公共秩序，建设安全健康的网络环境。积极在网上宣传正能量，疏导社会负能量；主动用社会主义意识形态占领网络阵地，运用马克思主义科学的世界观和方法论及时回应大学生的诉求，解答大学生的困惑；还要加强对网络媒体平台的管理，对于黄赌毒等危害大学生健康成长的内容要坚决让其从网上消失，最大限度地净化网络空气。

二、将红色资源有效运用

红色资源作为中华文化中的优质元素，以其自身的优越性记录了中华民族前赴后继的抗争史、波澜壮阔的革命史、艰苦卓绝的奋斗史、感天动地的英雄史，继承发扬了党的光荣革命传统与优良作风，涵盖了对学生的政治素养、理想信念、爱国情感等多方面的教育内容。

红色资源以自身深厚的人文功能彰显了其特殊的教育价值，是落实立德树人根本任务的重要支撑，是对学生进行家国情怀教育的鲜活课本。在当前思想政治教育体系中，红色资源没有得到充分运用，其教育价值没有被充分彰显出来。思想政治教育承担着促进学生全面发展的重要任务，在新课程改革的推动下，统筹推进思想政治教育体系建设已经达成共识。

2021年迎来建党一百周年，在中国共产党的领导下，中国将在21世纪中叶实现国家现代化与民族复兴的伟业，青年大学生必须肩负起时代的责任与担当。红色文化资源作为一种优质文化资源，为新时代高校思政课实践教学提供了最为优质的资料与素材，近年来在协同育人、"大思政"等相关政策理论指导下，红色文化与思政课实践教学的融合迎来重要发展机遇。新时代高校思政教育改革背景下，基于育人的理论视角，各高校正积极探索如何利用红色文化资源打造多样化的思政课实践教学模式。

本书从介绍高校思政实践教学与红色文化传播的现状出发，分析研判了二者融合的可行性与具体路径，具有一定的实践性、探索性、创新性，在今后的思政教学中将继续与时俱进、创新完善，为相关领域的研究提供更多具有建设性和可操作性的建议。

（一）二者融合的价值可行性

第一，政治引导价值。作为先进文化重要组成部分的红色文化可以很好地帮助大学生增强对党的政治认同，加深大学生的爱国主义情怀与民族自豪感，提升大学生的马克思主义理论水平。通过思政课实践教学，大学生在各种红色文化活动中了解当地革命与建设历史，感受共产党员的先锋模范作用与党组织的战斗堡垒作用，深刻领会中国共产党是中国先进文化的创造者、引领者、代表者，增强他们对党的政治认同与思想认同。

第二，引领教化价值。红色文化资源助力高校开展以理想信念为核心的思政课实践教学，有助大学生树立正确的三观、培养大学生的思想道德素养、发挥大学生思政教育的实效性。红色文化普遍具有坚守理想信念、不畏流血牺牲、百折不挠奋斗的特质，通过实践将这些精神品格用合适的方式传递给大学生，对营造积极向上、风清气正的环境氛围大有裨益。

第三，文化传承价值。将红色文化资源融入思政课实践教学具有重要的文化传承功能：推动红色精神在不同代际间的传承，增进大学生对中原红色历史的了解，增强大学生的民族自豪感。高校以实践教学为契机，大力宣传弘扬地方红色文化，大学生怀着崇敬的心情去瞻仰红色旧址、寻访红色遗迹、领悟红色精神，在潜移默化中加强对红色文化的了解和增强民族自豪感，等他们走出校园必定会将这些历史故事和红色精神传播至更广泛的区域。

（二）利用红色资源的要求

红色文化在中华优秀传统文化中一直占据重要地位，它是从中国共产党诞生起，历经不同时期的重大历史进程，在百年的革命与建设实践中不断积累、提炼、总结形成的各种文化精神的总和，内涵丰富，包罗万象。红色资源在思想政治教育育人体系中的运用，应符合差异性与衔接性要求，现做如下分析说明：

1. 差异性

思想政治教育作为一个跨学段、全周期的有机整体，横跨了对学生进行教育教学的全过程。由表及里、由浅入深地开设思想政治教育，就要紧密贴合学生的年龄特征、认知规律、日常生活、思想实际，采用学生能够理解、接受的教学方法循序渐进地讲授思想政治教育课的教学内容。林崇德教授在《发展心理学》一书中对青少年及成年早期个体的思维、身心与认知发展特点做了重要论述。林教授指出："成年早期，高等学校学生个体身心发展趋于稳定成熟，自我意识得到迅速发展。"[1] 这一时期，高等学校学生无论是身心发展还是智力发展都到达了人生的顶峰阶段，他们逐步接触更多的社会活动，开始思考自身作为一个完整的社会成员应承担的责任和义务，逐步适应、融入现有的社会生活。

以思想政治教育全过程为着力点，精准把握各学段的定位，循序渐进地开设思想政治教育课程。大中小学的学生分别处于人生的不同阶段，学生的思维发展、心理活动与理解力存在很大差异。正是由于各学段的学生认知发展存在一定的差异，对学生进行家国情怀教育更要遵循学生的认知发展规律，加强各学段之间的衔接。对学生进行家国情怀教育，既要符合不同学段的认知发展规律，又要考虑到国家对学生社会化的总体要求。体系化建设是思想政治教育内部的一项统筹建设，需要用系统的思维来看待。大中小学不同学段的学生认知发展和思维水平不同、各学段思想政治教育课课程标准与具体教学目标不同，各学段的思想政治教育课在教育教学方面表现出自身的相对独立性及特殊性。思想政治教育体系化建设涵盖了大中小学不同学段，融合了各学段的特殊性，这说明大中小学思想政治教育课一体化建立在各学段差异性的基础上。

这样的背景下，将红色资源充分运用到各学段的思想政治教育课中就要承认差异、尊重差异。差异性强调的是在不同学段思想政治教育课运用红色资源的差别。在坚持一体化大方向的前提下，根据不同学段学生的心理认知和需求，因材施教、"区分对待"，采用多样化、具有层次性的路径进行教育教学。一体化背景下充分运用红色资源首先要考虑教育教学规律与学生的认知发展规律，有的放矢地统筹好各学段学生与不同学段教育教学规律之间的关系。各学段的学生发展不同、能力水平各异，就要尊重差异，合理设置由简单到复杂、由单一到综合、由封闭到开放、由感性到理性的红色教育资源，制定各学段独特的教学内容，使红色资源的运用与学生的实际相联系，赋予教学内容新的内涵。在大中小学段开设思想政治教育课，要旗帜鲜明地体现各学段的特点或定位，根据不同学段学生的思维发展水平，有针对性地运用红色资源进行课程内容的架构。掌握各学段的特性，层次分明创新教学模式，为不同学段的学生创造一个由浅入深的红色资源教学情境，注重小学段学生的情感启蒙、中学段学生的思想聚焦和大学段学生的价值践行。

---

[1] 林崇德. 发展心理学 [M]. 北京：人民教育出版社，2018.

2. 衔接性

体系化建设背景下红色资源在思想政治教育课中运用受到多方面的阻碍。一方面，从现实来看，思想政治教育中高等院校教师分布在不同学段，不同学段的教学内容与教学机制存在不同程度的差异。由于时间和空间阻挡，跨学段间交流较少，致使思想政治教育中高等院校教师对其他学段缺乏了解。在对红色资源进行选择、编排时，这可能导致各学段思想政治教育出现红色资源重复运用、教学方法不当等问题，也在一定程度上影响了思想政治教育实效。另一方面，教材是对学生进行教育教学的重要载体，在当前教材短期无法改编的情况下，高等院校教师融入其他课程资源进行合理编排十分重要。有些教材内容是合理重复，帮助学生加深认识。有些则重复过多，学生反映已经学过，在很大程度上影响学生的学习效能。各学段教材内容存在简单重复与倒挂现象，内容建构缺乏一定的递进性，无法鲜明展现各学段的特点。以上情况并不利于思想政治教育课育人目标的实现和人才的系统培养，针对以上存在的问题，体系化建设背景对红色资源的运用提出了衔接性要求。

衔接性强调的是充分运用红色资源使各学段在教学内容、教学方法上自然过渡和有效对接，循序渐进、螺旋上升地开展思想政治教育课，促进各学段思想政治教育课有机联系，形成系统，产生合力。为促进红色资源在各学段的有效衔接运用，需充分考虑各学段教学目标的层次性。大中小学各学段学生体现出各自的身心发展与认知规律，相应的思想政治教育课教育教学也应呈现出由低到高的上升趋势，红色资源在教学内容中的运用也应呈现出由浅入深的衔接性。体系化建设背景下，将形式多样的红色资源充分运用到不同学段的思政教学中，就要从教学内容与教学主要手段的区别中入手进行有效对接。对比分析各学段中可以运用红色资源的教学内容，校对前后学段的教学主线是否一致，审清查明其前后学段知识点的区别和联系，合理运用红色资源使教学内容进行有效衔接。这种纵向衔接既包括大中小学前后学段间的双向衔接、双向互动，也包括高等教育与基础教育的多向互动，从而将红色资源贯通整个思想政治教育课程，拓展思想政治教育课的育人空间。学生学情是一个动态的发展变化过程，所采用的教学方法既要紧承前段进行拓展，又要为后面学段打牢基础，避免一刀切。既要根据学生的生活实际和思想实际调整教学方法以取得最优化的效果，使所运用的红色资源既符合学生的可接受程度，又避免教学方法跨度过大带来的不利影响。

关于红色资源在大学思想政治教育中的运用，大多数学者普遍从创新育人主要手段、融入校园文化建设以及发挥思想政治理论课教师的关键带头作用等多个角度进行了探讨。多数研究形成了较为一致的观点，都指明了课堂教学的重要教育地位以及社会实践课堂的辅助作用，并强调要围绕学生这个中心展开。

（三）利用红色资源的意义

文化是一个国家繁荣发展的灵魂和血脉。而红色原本只是一种自然颜色，自从中国共产党诞生之后，红色便被赋予了独特的内涵。其具有共产主义的性质，具有全心全意为人民服务的本质，与中国共产党密不可分。

从狭义上来划分，红色文化就是革命文化，是指形成于革命战争年代，由中国共产党人在长期革命斗争中创造出来的丰功佳绩和历史遗存以及涌现出来的英雄人物、革命事迹和崇高精神。本书主要从狭义的角度来进行论述。在新民主主义革命时期，中国共产党带领中国人民通过几十年自强不息的艰辛探索和伟大斗争，建立了中华人民共和国，实现了民族的独立和人民的解放。近代以来中国革命的实践雄辩地证明：以马克思主义理论为指导的中国共产党以及在此过程中形成的马克思主义中国化理论——毛泽东思想是取得新民主主义革命胜利的强大指导力量，在此期间凝聚起来的革命英雄主义精神和革命遗存、革命文化是我们取得胜利的强大精神动力。中国的革命是红色的，中国的革命文化就是红色文化。可以说，从实践上来看，红色文化来源于中国共产党领导人民群众在新民主主义革命时期进行的伟大斗争和伟大创造。

此外，红色文化的来源之一就是中国历史悠久的传统文化。传统文化是维系社会伦理道德的重要纽带，是支撑中国人民艰苦奋斗的精神支柱。而红色文化是中国人民在挽救民族危亡探索国家出路时形成的民族文化。早期的中国共产党人有许多接受过良好的传统文化教育，比如毛泽东、周恩来、邓小平、方志敏和瞿秋白等，他们在中国共产党内部起到了重要的文化引领作用。中国传统文化内涵丰富，比如"孝悌忠信礼义廉耻""热爱和平""爱国爱家""团结互助""严于律己，宽以待人""勤劳勇敢""自强不息，厚德载物""尊重规律"等优秀传统文化成为红色文化的重要来源。

社会存在决定社会意识。中国共产党领导人民群众进行的新民主主义革命实践决定了与之相适应的红色文化。中国共产党带领人民群众参与的新民主主义革命是红色文化的实践来源。新民主主义革命时期大体经历了中国共产党的创立、大革命、土地革命、抗日战争以及解放战争这几个阶段。大革命时期，中国共产党与中国国民党合作，为取得资产阶级革命的最终胜利，发动对北洋军阀的北伐战争（史称大革命时期或第一次国内革命战争时期），在即将取得胜利的时候，国民党右派叛变了革命；土地革命时期，为了反对国民党右派对大革命的叛变，中国共产党组织武装起义，夺取政权，发动了针对大地主和官僚资产阶级政权的革命战争；抗日战争时期，中国共产党与国民党进行了第二次合作，开展抗击日本侵略的抗日战争，最终取得抗战的胜利；解放战争时期，为反对国民党反动派的独裁统治，抗击国民党反动派发动的内战，中国共产党进行了推翻国民党反动政权的解放战争。经过以上四个阶段的革命斗争，中国共产党带领中国人民走过了28年的奋斗历程，终于取得了新民主主义革命的胜利，1949年10月1日中华人民共和国成立。

在这样的过程中，中国共产党的先进知识分子把中华民族的优秀传统文化和高尚情操融入了自己的理想信念，在革命斗争中展现出了中国传统文化中的视死如归、不屈不挠和奋发图强的民族气魄和崇高精神。中国共产党人所展现出的不怕艰难困苦，不怕流血牺牲，坚韧不拔，勇往直前，英勇顽强的革命英雄主义气概和坚定的革命意志，崇高的革命理想信念，高度自觉的革命纪律，全心全意为人民服务的根本宗旨是红色文化的重要实践来源。

中国共产党人一代又一代地接力，沿着马克思主义指引的方向，坚定共产主义的最高理想，发扬了自强不息、忠心爱国、克己奉公的伟大民族精神。这些精神为中华文化提供了重要内容，在新民主主义革命时期融进广大劳动人民的思想意识，并逐渐形成为一种信仰信念，成为中国人民在民族危亡和改革建设时期的共同行为准则。马克思主义及其中国化理论是红色文化的思想来源和理论基石。马克思主义深刻揭示了人类社会发展和自然界发展的客观规律，它在中国的广泛传播，为中国共产党和广大先进知识分子解决中国问题提供了科学的世界观和方法论，此后，中国人民以马克思主义中国化理论——毛泽东思想为指导，在积极参与革命实践的基础上，最终形成了民族的、科学的、大众的反帝反封建反官僚主义的革命文化。

因此，在中国软实力中，红色革命文化是其中极其重要的部分，属于主流文化，可以以大众文化的形式进行进一步的传播和发展。红色革命文化既包括长征的介绍和长征精神的总结，也包括了抗战时期的概况以及抗战胜利的呐喊。当前，高校思政育人体系建设的过程中可以利用的红色资源是非常多的，主要包括物质文化方面和精神文化方面。物质形态主要表现为中国共产党在各个历史时期留存或建造的实体，精神形态主要表现为不同时期形成的各种红色精神。

具体来说，物质文化方面包括革命遗迹遗址（图3-2-1）、革命遗物文物、革命文献和纪念场馆等。革命遗迹遗址是指在新民主主义革命时期中国共产党战斗和生活过的地方，主要有各类不同的建筑或场所，包括住所宅第、坪台场地、红军学校、红军医院、军事设施等。革命遗物文物是指与历史事件和重要人物有关的各种用品用具，包括办公用品、证件徽章、衣服被子、家庭用品、耕作农具、通信器材、武器装备等。革命文献是指记录革命历史进程和人物活动的书面文字材料以及影像资料等。纪念场馆是指为纪念革命战争年代的英烈和重大事件而建的各类建筑场地，包括博物馆、烈士陵园等。

图 3-2-1　革命遗迹遗址

精神文化方面主要是指中国共产党带领人民群众在新民主主义革命时期所形成的意识形态的总和，可以分为思想观念、信仰信念、理论观点、道德伦理、精神品格、情感情操等方面，具体内容包含政治理论、文学艺术作品和歌曲戏剧等，反映了中国共产党的伟大历史进程和带领人民群众所创造的丰功伟绩。

红色文化具有自身的特色功能。2017年中共中央办公厅、国务院办公厅颁布的《关于实施中华优秀传统文化传承发展工程的意见》指出："实施中华优秀传统文化传承发展工程，建设社会主义文化强国，增强国家文化软实力。"[1] 新时代的发展证明了"中国革命历史是最好的营养剂[2]""大力发扬红色传统、传承红色基因，赓续共产党人精神血脉，始终保持革命者的大无畏奋斗精神，鼓起迈进新征程、奋进新时代的精气神"[3]。注重保护、开发、利用红色文化资源，具有促进地方经济发展、营造良好社会氛围、扩大教育宣传效益、实现物质精神双赢等特色功能，红色文化是当代中国人的精神命脉，是实现国家繁荣、民族复兴的不懈

---
[1] 中共中央办公厅，国务院办公厅.关于实施中华优秀传统文化传承发展工程的意见.2017年.
[2] 习近平同志在河北调研指导党的群众路线教育实践活动时讲话的一部分，2013年7月11日、12日.
[3] 习近平在党史学习教育动员大会上的讲话，2021年2月20日.

动力和精神源泉。

近年来，红色文化资源的保护与开发在取得令人欣喜的进步与发展的同时，由于主客观条件限制，整体仍未进入成熟阶段，主要存在四方面问题：红色文化底蕴未能有效发掘、红色文化资源形象不够鲜明、红色文化资源开发形式单一、红色文化产品推广力度不够。今后，红色文化需要在高水平的内涵提炼与理论解析、精确定位形象特征与脉络走向、保护与开发并举的思想指导下扎实开展整理工作、精心策划设计文化产品等方面下功夫。

（四）利用红色资源开展活动实践

1.利用红色音乐作品

以红色革命为主题的音乐代表作非常多，例如《十送红军》（图3-2-2）、《太行山上》、《长征组歌》和《黄河大合唱》等。每首红色音乐作品不仅代表着那个时代的特点，也体现了那个时代所独有的文化艺术价值。那些在当时独有的战争时期的环境下创作的红色音乐流传至今。相关工作者可以将红色音乐作品带进校园，使得青年人自觉加入红色音乐文化的传承和发展之中，力求在实现和提高红色乐文化品牌的市场竞争力的同时，打造出一个广为人知的红色音乐文化品牌。

图3-2-2 《十送红军》

2.利用红色家书

作为一种红色文化资源，红色家书自身是无法再生的，其具有的价值无可置疑。同时，它也是新时代思想教育工作的优秀教材，能够培育青年的社会主义核心价值观。红色家书是革命先烈遗留下来的珍贵的精神和物质财富，是开展政治教育工作重要的教育资源。利用红色家书开展活动，将革命年代的血与泪表现得淋漓尽致，展现出"流动的、生动的思想政治教育大课"。

红色家书的内容主要来源有两个，一是旧时代的进步分子留下的家书，二是不同时期的中国共产党党员留下的家书。很多关于红色家书的著作都只是阅读，没有学者对其相关内容进行研究。1980年出版的收录178封家书的《老一代革命家家书选》（图3-2-3）就是一个典型的例子，当时这本书的编辑方是中共中央文献室，很多老革命的家书都被收录到这本书里，包括周恩来、毛泽东、叶剑英等革命先辈的家书。

图 3-2-3《老一代革命家家书选》

《品读红色家书》于2006正式出版，编写者是吴青岩，它的特点在于其内容除了家书，还包含了革命先烈的座右铭。2009年，由高占祥编写的《革命先烈的家书选》正式出版，创造性地收录了先烈的遗书、狱中信函等文书。《红色家书》、《图说红色家书》分别于2009年和2013年正式出版，编撰者都是张丁。由唐洲雁、李扬编撰，2013年正式出版的《中共元勋家书品读》将内容范围进一步扩大，增添了相关人物的轶事和背景介绍。此外，1997年出版的《党的文献》第2期刊登了《叶剑英家书两封》这篇文章，与叶剑英家书有关联的人物以及家书本身的背景故事在文章中都有介绍。

研究红色家书的利用，首先需要全面了解红色家书的内涵与特征，对红色家书的相关理论有所认知，进而更好地开展红色家书巡演活动。

中国的革命战争拥有着悠久的历史和无数跌宕起伏的故事，无数的先烈不舍地离开家乡和亲人，将自己的一切都奉献给了伟大的革命事业。他们在残酷的斗争过程中，也会偶尔想起远方的亲人。他们将自己的思念、感悟和理想凝结成一封封的家书，寄给自己的亲人、爱人和友人。书写人不同导致家书的风格差别巨大，有的温柔、有的豪放，这些都是他们当时当地的所思所感。家书是记忆和理想的承载者，传达的是深切的思念和祝福。红色家书是老一辈革命家和先烈留下的极为珍贵的精神财富，是爱国教育和传统教育的好教材。

红色家书的存在说明革命者也拥有丰富的情感，他们思念家乡的亲人，惦念无法相见的爱侣。哪怕是身处两地、命悬一线，他们仍旧挂念着自己的父母和妻儿。这些家书是一部为人处事、待人接物的人生宝典。它告诉人们应当怎样做人，怎样做事，怎样处理各种复杂的社会关系。

红色家书具有"家书"的基本特征，而"红色"又使其具有了独特性，具体表现为以下两个特征。

一是历史继承性。红色家书属于特定历史时期所遗留下来的历史文化产物，涵盖了中国革命、建设和改革开放等各个重大历史阶段，具有鲜明的时代特征和厚重的历史感。家书把读者带回到了硝烟弥漫的北伐战场和九一八事变后危机重重的中国，它让读者看到了无数知识青年在抗战烽火燃起后争相到达延安的场景，理解了抗战过程中的艰难和困苦，见识了解放战争中的莱芜战役，了解了中华人民共和国成立后中国人民奋力建设祖国，抗美援朝的艰难胜利以及改革开放之后的种种成就。家书就是历史，阅读家书就是将自己置身于历史的长河中，靠近了解历史中的人物，经历历史带来的深刻洗礼。

二是道德教育性。中国的很多传统文化都能在家书中找到具体的体现，例如教化、礼仪、修身、齐家等在家书中都能找到对应的范例，这些也正是中国道德的精髓所在。红色家书让读者明白先烈是如何无私奉献、诚信友爱，又是如何追寻真理、争取公平正义的。红色家书体现了中国的先进文化，虽然家书的语言大多朴实无华，但事实上其分量从未因此而减少半分。红色家书是宝贵的历史文化遗产，同时也是有着重要教化作用的精神文化遗产，是对高等院校的学生进行思想政治教育的重要教育资源。

3. 开展红色活动

约翰尼·艾伦（Johnny Allen）认为大型活动是为实现特定目的而举办的，目的本身可以是社会、文化方面的，也可以是社团方面的。活动本身需要经过精心策划，活动形式可以是庆典、演讲、表演或仪式，不过活动形式本身是被制定的。大型活动有很多种类，国庆节庆典、文化演出、重要的体育赛事、社团活动、重大市民活动等都属于大型活动。大型活动多数情况下是一次性的，或者发生的频率不高。某个节日庆典是大型活动，并不意味着所有节日庆典都是大型活动。

最近5年，大型活动的策划实施成为一个较为热门的研究领域，研究的主题与时代和社会热点结合得较为紧密，与我国群众的文化需求也更加契合。有学者在曾经对在电视媒体平台进行的大型文化活动策划进行了研究，并对其存在的缺陷进行了深入的解读，认为创新是大型活动发展的核心，社会风气需要向"俭而不简"的方向转化。党的十八大之后，我国的大型文化活动拥有更加个性化的主题，质量也有了显著提高，这都是因为社会主流风气对其起到了引导作用，同时，大型文化活动消耗的成本有所下降。如长青藤百年医院论坛学术交流取代了2015年武汉市中心医院的建院135周年庆典晚会，这样做除了节省成本，也提升了活动本身的质量和格调。2016年乔淑晨将"徐州文化世纪传承工程"作为具体研究对象，对大型文化活动主题策划的创新进行了深入的研究。研究结果证明大型文化活动应该承担起引领主流价值观、传承中华文化的责任[1]。也有学者曾经研究过大型文化互动策划的现状，整个研究过程较为简单，但事实上重点比较突出。他们认为我国的群众文化活动存在以下几点问题，分别是种类创新不足、时间短、地域分散等。所以我国的大型文化活动在策划的时候需要注重其创新性，主体要个性化且与时代相契合。[2]

　　高等学校活动形式多种多样，较为小型的有各社团的演出、学生汇报演出以及毕业晚会等。此类活动受众都比较小，且多为学生进行组织和安排，范围可能仅限一个社团、一个班级、一个学院，在经费上开支较小。校内稍微大型一些的活动有节庆活动或特殊日期的活动，例如校庆演出、中国共产党建党一百周年演出、校内比赛等，这些活动属于学院或学校进行举办的活动，因此受众面较社团演出或学生汇报演出来说要稍大一些，但在宣传方面一般仅限校内，参与演出和观看的人员多为校内。再大型一些的活动有高雅艺术进校园活动，该活动主要是由各省政府负责统筹安排，因此不管是宣传还是受众来说，较之前两种都要大很多，高雅艺术进校园项目的表演者和专家们不论是在艺术造诣上或者是理论学习上都有着相当丰富的经验，学生们不只限于在校内参与，甚至会走进剧院和美术馆等公共艺术场馆观看演出和展览。

　　此外，活动管理机制基本流程主要包括以下四点：一是策划与立项；二是组织与编创；三是执行与现场；四是后期与效果评估。具体来说，就是根据该项目

---

[1] 乔淑晨.实施大型主题策划活动的探索与创新——以"徐州文化世纪传承工程"为例[J].青年记者,2016(27):50-51.
[2] 2022年，还有学者在相关文献中指出应该从幼儿园开始开展红色活动，红色活动的开展应该营造出全方位沉浸式红色文化教育氛围，应该呈现沉浸式红色文化教育内涵。上述这些例子都为高校开展红色文化提供了一定的启示。

的总体目标进行项目的可行性分析并制定策划书,提前计划该项目将如何实施,规划好活动的基本流程;成立相应团队,并根据活动的具体安排进行人员的分配。演出活动必然有节目,因此需要根据演出活动的主题进行相应节目的编排;确定演出地点并安排演出前后的相关事宜,同时还应注意演出现场的安全事宜,提前做好安全防范;演出结束后对节目的录制进行剪辑以及后续的收尾工作,并对此次演出的整体效果做出评估。

比如江西高校开展的"诵读红色家书,讲述英烈故事"活动(图 3-2-4),活动精选红色故事,创新讲述方式取得明显成效,重要的是创新了思想政治教育方式方法。作者认为江西教育厅采用的宣传教育模式新颖且契合年轻人的学习习惯,微博、微信等互联网平台都是年轻人获取信息的重要渠道,通过这些渠道来播放 100 个经典革命故事、红色家书等内容更容易让年轻人理解并接受红色文化,更有利于帮助他们树立正确的人生观、世界观和价值观,为他们提供丰富的精神营养,有利于青年学生坚定走好新时代长征路的理想信念。南昌大学学生认为,微博、微信等新媒体便于互动、易于传播,同学们在参与互动中受到教育,特别是这些英烈故事不少就发生在江西这片红土地上,甚至有的英烈家属还健在,让同学们更是感觉亲切。

图 3-2-4　江西高校开展的"诵读红色家书,讲述英烈故事"活动

江西开展的"诵读红色家书,讲述英烈故事"活动之所以取得如此大的成功,和学校师生的努力都是分不开的。活动让学生站到前台,变被动灌输为主动参与。江西师范大学副校长觉得这次活动能吸引全校超过 40% 的师生直接参与,一个重要原因就是让学生当主人,从节目创意、编排、演出,都让学生站到前台,发挥

学生的主观能动性、创造性，创新了活动主要手段，让学生做主。对江西师范大学学生杨琳来说，从课桌旁的听众变成舞台的主角，效果和感受完全不一样。

此外，还要用好校内校外资源，发挥正面"网红"的教育功能。据笔者了解，江西省高等学校没有关起门来搞活动，而是走出门去邀请名人、邀请英烈亲属参与活动，发挥他们的正能量。南昌大学"网红"高等院校教师、中国红歌会年度总冠军郑璐担任了歌曲《祖国，我对你讲》主唱，而龚全珍、方梅等人也都耳熟能详，这些具有较大社会影响力的正面"网红"，恰是青年学生学习的榜样。

"诵读红色家书，讲述英烈故事"活动的开展既丰富了红色音乐作品的数量和类型，又提升了红色音乐作品的质量。巡演活动的节目通过比赛的方式进行遴选，大大地调动了师生们的创作热情。同时这么多作品的呈现和巡演项目的开展，既为红色音乐作品演出市场提供了素材，也为其扩大了受众，在为音乐市场增添了无限的可能的同时，还为城市文化中艺术文化的建设增添更多色彩。

"诵读红色家书，讲述英烈故事"活动，其可听、可看、可参与的特点调动了广大青年学生的热情，他们满腔热情投入创作、表演中，用年轻人最喜欢的方式和创意，让英烈形象变得有血有肉，可触可信。"红色文化＋巡演活动"的综合演艺形式的开展对以后巡演项目的开展提供了模板和借鉴，为巡演项目拓展了新的思路，同时也为其他地区深入开展高等学校思想政治教育工作方式提供了新的途径。

红色文化资源是一种社会化的教育资源，在与思政实践体系的融合中需要集高校、政府和社会力量的多元参与，须"加强实践育人平台建设，综合运用校内外资源，建设满足实践教学需要的实验实习实训平台"。高校应重视和加强对红色文化的整合，将其纳入思政教育整体规划和制度建设中；各级政府应该发挥其在政策、资金、协调等方面的主导作用，如免费开放当地红色基地、给予参观考察的优惠便利，建立一批红色教育基地、思政教育社会实践基地、"三下乡"实践基地、认知实习基地、专业实习基地，让大学生可深入各种基地进行社会实践；高校可以与文化教育部门、社科研究部门、学术团体、企事业单位等建立长期稳定的合作关系，邀请老红军、老战士、红色英模、专家学者来校开课、做报告，系统讲授红色故事、红色文化、红色精神，利用重大历史事件纪念日、建党建军纪念日等开展主题鲜明、丰富多彩、感染力强的校园红色文化活动，使学生在参与的过程中切身感受红色文化的熏陶，实现地方红色文化资源与成果的共享。

三、发挥时政资源的重要作用

（一）时政资源的概念分析

虽然对于时政资源的概念并没有权威的解释，但事实上学者们对时政资源的解释大同小异。时政资源是在对时政概念和课程资源的概括基础之上总结出来的。

时政资源具有时效性、多样性、生活性、政治性的特点。首先，时效性是指信息仅在一定时间段内对决策具有价值的属性，一方面，时政资源的内容更新速度快，例如经济改革、政治建设、文化生活等不同领域的发展对时政资源有着深刻的影响。另一方面，同一条时政资源在不同的时间、地点等都有不同的变化。这也是教材不断变动的原因，因此高等院校教师要时刻关注时政，密切关注时政发展的动态，整理概括并运用到课堂教学中来。

其次，多样性是指政治性时政资源的范围、内容、呈现方式、获取途径等丰富多样。第一，时政资源涉及的范围较广，不仅包括国内的，还包括国际的各种大事件。第二，时政资源涉及社会生活的各个领域，包括政治、经济、文化、军事、外交、民生等方面的方针政策，因此时政资源的内容具有多样性。第三，我们可以通过电视、报纸、广播、网络等多种渠道获取各种时政资源。

再次，生活性体现在时政资源来自社会生活的方方面面，与生活紧密联系。在教学过程中利用时政资源可以增强教学内容与学生之间的关系，拉近两者之间的距离，将教学内容置于情景当中，使教学内容生活化，便于学生理解教学内容。例如在 2020 年新型冠状病毒蔓延期间，各种逆行者（图 3-2-5）的辛勤付出，生动地诠释了以爱国主义为核心的民族精神，引导学生弘扬民族精神和社会主义核心价值观。

图 3-2-5 "逆行者"之医生

最后，时政资源具有明显的政治性。时政资源体现国家意志，高等院校教师在教学过程中运用时政资源能够帮助学生坚持正确的价值导向，树立正确世界观、人生观、价值观，提高学生的政治素养，为实现伟大复兴中国梦做好准备。

可以说，时政资源就是高等院校教师根据教学目标、教学内容和学生实际等，有目的、有计划、有组织、创造性地开发和运用国家政治生活中新近或者正在发生的国内国际重大事件，来提高教学效率，提高学生学习效率，丰富课堂教学，提高学生的素养。

（二）时政资源的类型

从时政资源涉及的内容来划分，可以分为经济类、文化类、政治类、综合类等多种类型。例如，中美贸易战就属于牵扯经济与政治等方面的时政热点。美国挑起贸易战的主要原因是中国综合实力提升威胁到美国的霸权地位。历史上的霸权国家也会害怕挑战国实力的提升，并想尽办法阻止他们的崛起。目前的国际政治形势为"一超多强"，国际力量对比更趋平衡，但整个世界也更加稳定和平。2近十几年，中国经济快速发展，国防、军事和科技实力不断提升让美国感受到了威胁。对比中美两国综合实力。2009—2018年，中国的国民生产总值增加了至少七万亿美元，经济规模明显扩大，在2010年发展为世界规模第二的经济体。中国的经济在2011年前始终维持在10%的水平，2011年后以每年7%的速度继续发展，比世界平均增速还要高3.1%。2014年，中国成为世界经济规模最大的生产国，2001—2007年，国内经济总量在世界经济总量中的比重为5%~7%，2017年后，该比重上升至12%。尽管美国这些年的总体实力有所下降，但其还是有着深深的霸权情结。据特朗普对中美综合实力的判断，当中国总体实力不断提高，中国的全球影响力也会随之提升。特朗普将中国的崛起视为美国霸权地位的挑战。在他竞选美国总统时就号召"美国再次伟大"，坚持美国优先的思想，一切从美国利益出发，全然不顾美国的大国形象和国际形象。中美两国贸易战是特朗普借两国产生巨额贸易差主动挑起的事件。两国经贸活动不可避免地会出现贸易差，中国严格遵守全球贸易规则办事，不能将所有原因归到中国身上。担心中国崛起会影响到美国的霸权地位才是美国挑起两国贸易争端的本质原因。可见，中美贸易战这一时政热点就涉及政治和经济的多方面内容。

（三）利用时政资源的意义

高校思想政治育人体系的建设应该利用好时政资源。这是因为思政教育有鲜明的时政性、思想性，而时政资源又恰好具备这两点，从而使两者高度贴合，高等院校思想政治教育中使用时政资源是非常常见的,时政资源在高等院校思想政治课教学资源中有着极其重要的地位。然而,通过对相关文献资料进行查阅收集可以发现,在高等院校思想政治课中运用时政资源这方面仍处于较为薄弱的状态,研究不够深入,缺乏针对性、系统性和专业性。因此,我们需要深入细致分析时政资源的运用策略,为时政资源的运用提供理论支撑,以便更系统地在高校思想政治育人体系的建设中运用时政资源。

同时,加强时政资源在高等院校思想政治教育体系中的应用有利于转变高等院校教师的教学观念,促进高等院校教师专业化发展当今社会高速运转,更新换代较快,与思想政治教育相适应的时政资源也不断发展。然而由于应试教育长期影响,一些高等院校教师对于上课用的课件或者案例不懂得创新,而是拿来就用,甚至一套方案用几个学期,不善于与时俱进,教学方法枯燥单一,就使得学生上思想政治课的热情减少,甚至觉得上政治课只需要死记硬背就可以,把书上的知识点背下来就能拿高分,从而削减了学生学习的主动性和探索精神。

新时代的高等院校教师要有创造性,转变观念,更新思想,创新教学方式。在高等院校思想政治课中运用时政资源,不仅可以转变自己的教学理念,树立理论联系实际、教育生活化的教学理念,还可以促进高等院校教师的专业化发展。高等院校教师不仅要时刻密切关注时事政治,还要合理选取运用与教学内容相关的时政资源。

加强时政资源在高等院校思想政治教育体系中的应用也有利于增强学生学习兴趣,培养学科核心素养。很多学生对思想政治教育产生偏见,认为政治内容只关乎死记硬背,有的学生甚至产生反感的情绪。政治尤其是哲学的相关理论更加难理解,再加上思想政治教育课教师大多采用传统的讲授法,导致学生对思想政治教育课的兴趣不高。高等院校教师选取与教学内容相关和学生感兴趣的时政资源,能够调动学生对思政课的兴趣,营造良好的课堂环境。

高等院校教师利用时政资源,将党和国家的方针政策与教学内容相结合传授给学生,结合我国的民族精神和时代精神,让他们认识到正是由于中国共产党的领导,国家才得以繁荣发展,从而自觉拥护中国共产党,提高政治认同。同时将有关国家的法律法规的时政素材与教学内容相结合,通过案例或素材的展现,使得学生知法、懂法、守法、用法,能够提高他们的公共参与感。总之,利用时政资源,可以培养学生的学科核心素养。

加强时政资源在高等院校思想政治教育体系中的应用,有利于更新思想政治教育课教学内容,弥补教材内容的滞后。教材是一直处于一种静态,而社会发展是动态的，所以难免会出现滞后的现象在一定时间段内。例如国家近期出台的政策、相关法律法规和马克思主义理论成果的完善等，在高等院校政治教材中不可能立马地添加、修改。因此高等院校思想政治教育课教师应及时密切关注时事政治，将时政资源作为思想政治课教材的补充，保证教材的科学性、严谨性。另外，合理运用时政素材可以将抽象的书本知识形象化，加深学生对知识的理解。

（四）时政案例分析

我们对时政资源在高等院校思想政治教学中的应用研究，可以通过对教学具体案例分析，总结出一般的策略，并解决高等院校教师发现的问题，同时挑选出的优秀资源可以直接被拿来参考和学习，具有一定的借鉴价值。此外，高等院校教师在课堂教学各个环节运用时政资源，不仅可以优化高等院校教师的教学模式，而且可以调动学生的学习热情，使其摒除教育枯燥无味的印象，进而提高学习效率。在新时代背景下为进一步改进高等院校思想政治课教学、推动思想政治学科教学改革，应充分利用时政资源开展教学活动。下面，我们可以结合中美贸易战这一案例来分析时政资源对于思政育人的影响。

1. 案例阐述

对于中美贸易战来说，美国历届政府为巩固本国的全球霸主地位，长期通过贸易保护主义政策或经济制裁等主要手段制约其他国家的发展。这种做法是对世界经济的贸易霸凌，也影响了世界多边贸易体系的根基。美国通过国内贸易法的相关条款开展各种贸易救济调查，对威胁到美国"国家安全"、侵犯到美国"知识产权"或损害美国利益的各种国际贸易进行单方面制裁。

中美贸易摩擦很多。美国因为两国的贸易逆差，经常开展针对中国知识产权保护等领域的批判。明面上，之前特朗普通过贸易争端宣扬"美国利益至上"，但其实也是为了平衡国内部分利益势力，为他后面中期选举的成功打下基础，体现出特朗普明显的重商主义、单边主义和贸易保护主义思想。不过，我们还是需要警惕两国贸易冲突中美国的本质目的。2017年12月中下旬，美国将"保护国土安全、促进美国繁荣、以实力维持和平、提升美国影响"等纳入美国国家安全战略方针，明确了美国今后在军事、国防、经贸合作等方面的具体规划。美国第一次意识到经济发展安全对国家整体安全的重要性。特朗普发起贸易战后，也吸引了来自全球各国对中美关系走向的持续关注。特朗普政府打着贸易再平衡和维护美国权益的幌子，不断遏制中国发展来维护美国的国际霸权地位，和惩罚性关税的规模与强度无关。美国对中国在高新技术和知识产权等方面的批判，特别是不少围绕"中国制造2025"的关税惩处方案,实质上都体现了两国在经济规模、产业布局、发展时期等各方面的不平衡和利益冲突。不难看出,中美两国贸易战很大程度上是美国为了遏制中国崛起挑起的争端。

美国担心中国产业转型后形成对美国的直接战略竞争,害怕中国崛起会威胁到自身在高新技术产业方面的市场竞争优势,影响美国在世界范围的霸权地位。美国这次发起的贸易摩擦重点针对中国即将进行产业转型的高新技术行业,同时美国也会长期管控本国高新技术企业对中国的产品出口。

除此之外,美国希望借助大量正式或非正式的贸易协定等,或者与美国外国投委会从维护国土安全出发推行的单边审查工具遏制中国科技实力的提升和在高新技术领域的快速进步。在美国贸易代表办公室发布的一千多个关税项目里,大部分领域都能在"中国制造2025"里重点发展的行业名单中看到。实际上,上述产业在中国出口到美国全部货物的比重很低。所以,美国借贸易保护的幌子旨在遏制"中国制造2025"计划的推进,这一做法体现出美国的霸权主义思想。

中国新旧动能的转化持续推动着我国经济朝着高水平方向发展。两国的经贸联系也引申为世界范围内的战略竞争。中国是快速发展中的社会主义大国,美国是已经获得全球霸主地位的资本主义强国,中美未来在经济、军事、政治等在内的多个领域既要竞争也要合作。而且预计中国在未来的人工智能、生物科技、大数据等在内的高新技术行业会一直受到美国政府的打压。

中美贸易战争还反映了美国的强权政治。特朗普政权的孤立和保护主义的相关言论早在竞选前就有耳闻。其孤立主义思想来源于美国传统的对外政策,不过这一思想又和战后的传统孤立主义主张存在区别。而且,特朗普主张"美国优先论",其执政期间也严格落实这一主张,孤立主义倾向明显。但他的这一主张和前任总统的主张又有不同,尽管战后美国人也坚持美国优先论,但事实上为了维护美国的全球霸主地位,他们会在具体工作中做出对美国更有利的改变。特朗普执政后,对多边主义的抵触态度,也是他对于"美国标准"的解释。特朗普根据是否有利于美国利益决定在组织中的去留。美国的行为,除了让一些协议的当事国直接崩溃,也让不少国家对美国的挑衅持怀疑态度。一些美国的盟友并不认同其行为。比如德国总理默克尔就不认同。

特朗普强调所谓"公平"和"对等"的贸易关系,主张以该原则为前提签订新协议。尽管特朗普政府并非首次提出"公平贸易",但他的主张背后呈现的是"美国标准"和"向美国看齐"。美国政府试图将其视为处理美国就业问题及贸易逆差的手段,并通过"单边主义"避免各种利益损失。特朗普的思想本质上是基于美国利益考虑的、对标美国的利益，根本无法创造对等的贸易关系，体现出深深的贸易保护主义和逆全球化倾向。不过特朗普也并非所有观点行为都能反映上述倾向。以上政策某种程度上容易造成贸易保护主义的泛滥、单边贸易的过度使用及多边贸易规则的边缘化危机。

事实上，中美贸易战对高等院校的学生思想政治教育具有多方面的启示，具体如下：

第一，让时政资源走进大学思想政治教育体系中。高等院校的学生思想热点能集中呈现高等院校的学生日常的关注内容和价值观，能借此了解当代高等院校的学生的思想近况，为教育工作者有效组织思想政治教育工作做铺垫。新时代思想政治教育应严格遵守教育规律，借助优化教学方法教学手段等切实增强思想热点的引领，强化热点引导的方向性和科学性。基于高等院校的学生群体分析，应有效释放主渠道与主阵地，通过彼此协调强化导向。依据新时代高等院校的学生思想热点的传播途径，我们更应重点利用好互联网平台，宣传国家正确的思想观念，引导高等院校的学生朝着积极正向的方向前进。

第二，时政资源从侧面反映着社会的变迁，当今高等学校也不仅仅局限于围墙之内，随着网络发展，文化交流与碰撞更加频繁，思想政治教育与社会热点事件并非两个完全独立的个体，二者应加强即时性互动，以社会热点事件丰富思想政治教育素材，以思想政治教育引导高等院校的学生正确看待热点事件，进而推动高等院校的学生思想政治教育的发展。将社会热点事件引入思想政治教育，可以更好地提升教育活动的生动性，丰富教学素材。以社会热点事件为载体开展相关教育活动，不仅符合教育创新性的要求，而且符合思想政治教育理论联系实际的教学原则、遵循知行统一规律，能够丰富思想政治教育理论，使教育更有成效。

第三，热点事件为思想政治教育提供教育契机。社会热点事件的价值功用不言而喻。社会热点事件有正面和负面之分，正面热点事件可以是具有世界影响力的热点事件，如中国女排里约夺冠、屠呦呦获诺贝尔奖、天宫二号成功发射、胜利日大阅兵、北京张家口成功申报冬奥会等，这类热点事件反映的了我国体育、科技等方面取得的成就，能够提升高等院校的学生民族自豪感和自信心，增强社会责任感；也可以是重大历史事件纪念活动，包括抗战胜利七十周年、南京大屠杀死难者国家公祭日、党和国家领导人诞辰纪念日等事件，这类热点事件提醒高等院校的学生勿忘国耻，同时谨记革命先辈教导，时刻关注国家和社会的发展，努力成为对社会有用的人。负面热点事件的价值功用同样不可忽视，要通过对其剖析使高等院校的学生树立正确的是非观。

时政热点事件涉及面较广,既可能是国内外的重大时事,也可能是关系人们实际利益的问题。探寻社会热点事件对思想政治教育的影响主要有两方面原因:一方面高等学校学生对当今时代社会问题的关注度很高,这由他们的性格和年龄特征决定,他们思维活跃,敢于挑战权威,经常传播或参与社会热点事件,但由于身心发展不够成熟,自我意识发展不平衡,极易受负面信息的影响,造成对社会热点事件的误读,如果不加以有效引导,高等院校的学生往往会被不良势力煽动,做出危害集体利益的行为。另一方面能够提升高等学校思想政治教育的质量水平。由于侧重理论灌输,与社会现实联系不够,思想政治教育对高等院校的学生的教育引导作用也大打折扣。社会热点事件是高等学校学生较为关注了解的事件,不仅迎合了高等院校的学生的心理特点,也是社会发展的现实反映,思想政治教育者可以通过对社会热点事件的分析、评价、推断和引导,在深化认识的基础上加强与社会的联系,使高等院校的学生更好地融入社会潮流中去。

与此同时,对社会热点事件实施案例分析属于高等学校思想政治教育介入社会问题的着眼点,社会环境主要指思想政治教育的外部环境,社会热点事件的产生有一定的现实根源,透过社会热点事件,能够对社会环境有一定的了解。热点事件能够凸显社会环境中存在的问题,反映社会发展的趋势,高等院校的学生可以据此深化对社会环境的认识。通过追踪了解高等院校的学生对社会热点事件的观点和态度,可以帮助教育者更加全面地了解高等院校的学生的思想状况,以及对社会环境的认识程度。大学校园越来越成为社会的缩影,身处其中的高等院校的学生受外部环境的影响日益加深,教育者及时关注社会热点事件,积极分析研判,可以很好地帮助提高教育实效性。

2. 结合时政案例引导学生思想

从以上的案例分析中,我们可以看出国际社会继续发展,全球化趋势不可避免,我国与国际的合作日益加强,各个领域进行的沟通交流十分频繁。国家与国家之间的相互关系是复杂的,既有合作也有对抗,不同国家之间的博弈涉及政治经济文化等多个层面,所以国际热点问题中具有很多经典案例,对解析国际间的政治关系,研究政治体制问题,社会制度问题,分析政治概念与社会关系都具有重要的价值与意义。如果高等学校思想政治教育能够利用好国际社会政治热点问题的素材资料,可以有效弥补思想政治教育教材在案例素材上不足的弊端,充实思想政治教育的内容,提升教育全面性,对改进思想政治教育质量具有显著的积极意义。同时,随着国家力量的增强,国际竞争的加强,频繁的国际交流可以加强学生对自身的认识基础，促进和加强学生的民族责任感。

（1）培养高等院校的学生的理性意识

社会转型时期，复杂多变的社会热点牵动着人们的神经，高等院校的学生通过表达不同的观点或见解，直接或间接地成为各种社会热点事件的参与者、追随者和传播者。而高等学校学生正处在价值观尚未完全定型的特殊时期，面对错综复杂的社会现象，缺乏相应的辨识能力，容易被不良社会舆论所误导，引起思想上的混乱，导致信仰缺失，甚至引发政治认同危机，此时亟须正确的引导。

绝大多数高等院校的学生对社会热点事件的认识浮于表面、缺乏深度，一小部分高等院校的学生思维偏激，因此通过行之有效的教育，对正确引导高等学校学生理性认识社会现象具有重要帮助。面对负面热点事件带来的思想混乱和价值困惑，高等学校可以发挥自身理论引导优势，为高等院校的学生呈现翔实的信息，通过专业高等院校教师的深入剖析，引导高等院校的学生理性思考。要注重预测与协调，找出矛盾根源，及时疏导，强化积极因素，克服消极因素；要注重导向与保证功能的发挥，在意识形态的培养上下足功夫，引导学生以更加成熟的视角思考问题，端正思想，积极行动，使个人发展与社会发展需要相一致。

（2）结合国际局势培养高等院校的学生忧患意识

美国是一个新兴的多民族构成国家，相对于我国拥有五千年的文明发展历史，美国的历史仅有短短的两百多年，而就是在这两百多年中，美国逐渐由一个结构松散的移民国家而发展为占据国际关系主导地位，执世界之牛耳的一流大国不可否认，目前我国跟美国之间，无论在经济发展还是科技水平、军事力量、国际地位上都存在一定的差距。所以我国积极提升自身的综合国力，在发展上借鉴其一些先进的经验和成功的做法，努力把我国也建设成为一流的现代化国家。

不过在学习国外先进经验的同时，也要认识到，美国是对我国并非抱有友好态度的国家，美国因为在政治体制上是资本主义体制，其对社会主义国家存有根深蒂固的意识形态偏见，尽管我国一再声称中国绝不主张以武力称霸，坚持和平自主的外交政策，但事实上美国始终保持着冷战思维来看待我国，对我国进行多方面的打压和限制。

2018年以来的中美贸易战就是美国在经济上限制打压我国，采用多种手段来应对我国经济崛起的表现。这足以警醒国人，对美国要保持清醒认识，即便目前我国跟美国之间在经济上联系越来越深，相互之家的经济交流越来越频繁，但美国并未把我国视为同等的贸易伙伴，反之还在以冷战思维看待中美关系，对我国始终存有偏见。

通过以中美贸易战为素材进行中美关系的解析,可以激发高等院校的学生的忧患意识,使得其清醒定位我国在国际社会面临的处境和压力。所以说,在高校思政育人体系内容中可以充分结合时政资源。

(3) 结合我国时政资源强化高等院校的学生责任意识

不管是经济类型的时政资源,还是政治、文化方面的时政资源都可以帮助学生认识到我国的发展以及发展中的问题与成效,这有利于强化高等院校的学生责任意识。

可以说,因为全球经济一体化发展造成的影响,我国在经济方面跟国际社会的关系越来越紧密,而在我国跟西方资本主义国家经济联系逐渐加深的同时,一些处在世界秩序上主导地位的国家对我国抱持着敌视心理,把我国的崛起视为对资本主义阵营的威胁,这就使得我国一方面在经济上要加深跟西方发达国家的接触,通过更多融入国际社会从而谋求经济的规模化发展,同时也要在政治上面临压力和阻力,要抵御住资本主义国家在意识形态上对我国的打压和威胁,这样的国际形势是十分复杂的,其中有合作也有博弈,有对抗也有协调,在国际问题的认知上,不能以简单的非黑即白的判断来进行国际关系、国际现象的定性,而要通过深入细致的分析,把国际问题背后的原理和影响充分解析出来,让高等学校学生懂得怎样从科学理想的认知判断角度去理解国际问题,看清国际局势,这样才能提高高等院校的学生的思想政治水平,使得其认识到我国目前发展还面临着很多威胁和国际形势的严峻,还要进一步努力和自强,不能放松警惕,从而加强高等院校的学生的责任意识,使得其主动在国际问题的判断认知上坚定立场,以维护国家安全与社会主义制度为导向,对国际关系和国际现象做出正确的判断,坚定地支持共产党对国家的领导,支持我国在国际事务中的态度和决策,从而为祖国的繁荣与富强尽一个国民应尽的责任与义务。

(4) 国家实力的增强提升了高等院校的学生民族自豪感

自中共十八大以来,中国在改革、发展、进步方面取得了历史性成就,每个中国人民都怀揣着中华民族伟大复兴梦,经过中国人民长期的不懈努力,经过一代又一代人的辛勤改造,中国已经今非昔比。中国进入了一个新时代,中国在历史进程的发展中掀开了自己新的篇章,社会主要矛盾发生了变化,我国综合国力一直在增强,我国的硬实力一直在飞速发展,软实力也要随之匹配上,要受到足够的重视。国家在今后的发展中,要在软实力上实现很大的提升。硬实力通常涵盖了军事、经济、科技等方面的力量。而且军事力量跟国防息息相关,自1978年以来,中国在不断提高军事实力,全球火力指数(GFP)是国际领域被许多国家认可的军事级别清单，上面的比分显示，我国在军事实力上仅次于美国和俄罗斯，位居世界第三。在军事上获得好成绩的同时，我国的经济实力持续提升，国民生产总值世界综合排名第二，让世界看到了中国速度。，中国已跻身世界二十大最先进经济体之列。中国的科学也在发展，每年有大量的研究报告、学术论文以及专利的申请，表明中国的科技成果和技术在持续前进，并且一路上取得了很多令世人瞩目、让世界都为之一震的成就。

我国取得了很多具有国际一流水平的科技成就，如杂交水稻的发明研制成功，使得世界粮食计划署对其我国的农业科技成就给予了高度评价，让许多贫困的国家都能吃饱饭。诺贝尔医学奖获得者屠呦呦在日复一日的科学探究中发现了推动人类医学发展的青蒿素。我国在2016年发射了全球首颗量子卫星，推动人类在天文的探索进程并从中迈出坚定一步。中科院于2018年研制成功细胞移植技术，成功克隆了两只猴子。人类历史上第一张黑洞照片已于2019年出版，该照片填补了20年的黑洞空白。在科学家孜孜不倦的探究中，高铁的运行速度已经成为世界之最，让世界看到了中国速度。而现在，网络时代让生活更便捷，非现金支付的现象普遍存在……这些成就真正反映了中国的变化和发展以及国家实力的加强。

在国际竞争日益激烈的情况下，坚韧的软实力和硬实力共同形成了我国综合的民族力量，让我国在国际舞台上的许多领域能够崭露头角，绽放出自己优秀的一面。国力的增加为学生提供大量令人信服的真实材料，可以让学生更多地评价我们的发展。这些都有利于提高学生对自己祖国的信心，从而为培养学生的民族意识奠定基础。

3.时政资源与思想政治教育体系的结合

（1）在课堂内外协同中加强热点问题引导

从高等院校的学生视角看，内外课堂成为他们思想政治教育活动的主战场。课堂教学和课外活动能够很好地增强新时代高等院校的学生思政教育的科学性和针对性。课堂内外是组织思想政治教育工作的核心区域，也是指引大学生思想热点的关键场所。基于此，新时代思想政治教育应提升热点的指引水平，牢牢抓好课堂内外的关键场所，通过师生相互沟通强化指引，高等院校的学生思想热点这一教育资源必须有效利用。首先，高等院校的学生共同关注的信息才能称为思想热点，这些无疑会对他们产生浓厚吸引力。所以借助对高等院校的学生在思想热点问题上的关切和回应能促进思想政治教育目标的实现。同时，思想热点集中反映出当代高等院校的学生的思想近况，也能够有效推动思想政治教育活动的顺利实施。所以，课堂内外的方向应保持统一，对于具体的授课内容及主要手段等也要保持一致性。

(2) 强化主旋律引导

时政热点除了涵盖多种思想观点，同样涉及从某种思想转向另外一种思想的过程。这些热点能够集中呈现不同个体的价值观。改革开放以来，这类群体思想热点的宣传路径同样出现前所未有的改变，由最初报纸、杂志等的主流媒介到广播等在内的电子媒介，最后是现在互联网媒介的出现。互联网传播将人与人之间的距离拉近，减少文化差异，拓展自身的价值观，将带领人类走进一个全面传播的新世界。互联网传播其有记录时间长、宣传效率高、传播范围广等特点，但也存在部分劣势与不足。举个例子，互联网传播使所有会上网的人都能成为信息的传播者，自媒体时代已经出现，网络监控与指引、思想意识形态塑造等工作难度进一步加大。新时代思想政治教育应强化对高等院校的学生群体思想热点的指引，应熟悉互联网传播信息的特点，在提升互联网主旋律宣传中强化引导。

比如说，要坚定改革开放信念教育。这就要全面认识改革开放的宝贵经验和伟大成就。改革开放以来，党带领人民取得国家建设的巨大成就，不仅包含着物质方面的成就，还蕴含着伟大的精神。改革开放是我们顺应时代做出的正确抉择，改革创新彰显了时代精神。改革开放铸就的伟大改革开放精神，极大丰富了民族精神和内涵，成为当代中国人民最鲜明的精神标识！40多年来，中国人民对每一次艰难险阻的突破与跨越，都体现了敢试敢闯、开拓创新、锐意变革、勇于担当的奋斗精神。改革开放作为中国最重要的国家战略之一，体现出中国政府立足自身、放眼世界、面向未来的高瞻远瞩。

改革开放以来，社会主义现代化建设的伟大成就不仅孕育了伟大精神，还留下了宝贵经验。在庆祝改革开放40周年大会上，习近平总书记发表讲话，提出当前形势下我们要做好"九个必须坚持"分别是必须坚持党对一切工作的领导，不断加强和改善党的领导。必须坚持以人民为中心，不断实现人民对美好生活的向往。必须坚持马克思主义指导地位，不断推进实践基础上的理论创新。必须坚持走中国特色社会主义发展道路，不断坚持和发展中国特色社会主义；必须坚持完善和发展中国特色社会主义制度，不断发挥和增强我国制度优势。必须坚持以发展为第一要务，不断增强我国综合国力。必须坚持扩大开放，不断推动共建人类命运共同体。必须坚持全面从严治党，不断提高党的创造力、凝聚力、战斗力。坚持辩证唯物主义和历史唯物主义世界观和方法论，正确处理改革发展稳定关系①。习近平同志提出的"九个必须坚持"是对改革开放宝贵经验的总结，是在坚持国家正确发展方向基础上提炼出的光辉思想和行动准则，这是对以往经验的总结和提炼，对我国未来发展提出的行动指导。这些光辉的思想和宝贵经验必将指导我国在新的时代环境中，继续发展社会主义现代化建设，带领中国更好地走向繁荣富强，同时也是我们在新时代理想信念教育的现实遵循。

改革开放以来，我国用短短几十年时间获得了工业基础的建立，创造了一个又一个人间奇迹。目前我国已经成为继美国之后的世界第二大经济体，全球制造业首屈一指的国家，同时在商品物流、电商贸易、纺织品贸易、轻工产品贸易上都居于世界前列，这充分说明了我国改革开放的政策是英明的，正确的，其取得的成就是伟大的。改革开放40多年来，几代中国人民勇于探索、敢于创新、艰苦奋斗，在中华大地上洒下了辛勤的汗水，用自己的双手书写了祖国发展、民族复兴、生活幸福的壮丽篇章。改革开放与每个中国人都息息相关，每一位中国人都是改革开放的参与者和见证者。正是无数中国人民的不息奋斗，改革开放才取得了如此巨大的成就。中国特色社会主义进入新时代，改革开放也进入了深水区和攻坚期，我们更加需要发扬中国人民在改革开放中所展现的伟大奋斗精神，推动改革开放、国家发展、社会主义道路继续向前。艰苦奋斗，体现自强不息、坚韧不拔的精神品格，是中华民族的优良传统。伟大的成就源自人民伟大的奋斗，伟大的奋斗必将实现伟大的梦想。通过观察改革开放以来我国在经济发展和社会建设上一路走来的历程就可以发现，改革开放是决定当代中国命运的关键抉择，是党和人民事业大踏步赶上时代的重要法宝，实践证明，这一英明决策无论在路线、方略还是在方向上都是完全正确的。我们能够更加深刻地认识到坚持和发展中国特色社会主义的历史必然性，深刻认识人类社会发展的规律，从而树立为中国特色社会主义共同理想、共产主义远大理想奋斗的信念和信心。改革开放之所以能取得巨大成就，还在于我们的人民为了改变国家和民族的面貌、为了更加美好的未来矢志不渝、不懈奋斗、勇于创新、甘于奉献。中国人民坚持改革开放不动摇，努力弘扬艰苦耐劳、革命进取的精神，努力进行社会主义现代化建设，而坚持改革开放的方针不动摇也将指引新时代的中国经济发展和社会建设，让中国更好地向新时代迈进，改革开放精神必将转化为实现国家富强和民族复兴的物质力量。

我们所取得的伟大成就，不仅对于我国来说是近代以来中华民族最伟大的成

---

① 习近平总书记在2018年庆祝改革开放40周年大会上的讲话.

就,对于同时期的其他国家和地区来说,也是伟大的成就。这种伟大成就不仅仅是指同期中国经济增长长期居世界前列,还指中国作为一个高速增长的巨大经济体,对世界经济产生了巨大的推动作用。此外,中国还长期致力于生产力的提高和人民生活水平的改善,对世界减贫事业做出了巨大的贡献。除了经济社会方面的贡献,中国在高速发展、不断改革的情况下保持长期稳定,为地区和世界的稳定与和平做出了贡献。随着改革开放的不断深入,中国的国际地位不断上升,中国国内的发展经验与奉行独立自主的和平对外政策也给世界和平与发展贡献了自己的力量,提供了中国智慧。因此,中国改革开放以来所取得的伟大成就不只具有国内意义,更具有世界意义。

改革开放以来,社会主义现代化建设的伟大成就彰显了理想信念教育的理论底蕴,筑牢了理想信念教育的实践基础,指明了理想信念教育正确道路。围绕"理想信念教育要用改革开放的伟大成就",开展理想信念教育,讲清楚改革开放以来我国的社会主义现代化建设在理论创新、经济建设、政治建设、文化建设、社会建设、生态文明建设、国防和军队建设、祖国统一、外交工作、党的建设等方面的伟大成就,引导高等院校的学生建立对马克思主义的信仰、形成对社会主义制度的坚定信念与对建设社会主义现代化的信心,激励高等院校的学生为推动中国的发展和实现国家的繁荣富强而做出努力。

我们在时政资源的利用中可以把握好改革开放这一关键点,加强主旋律的引导,从而增强大学生的民族自豪感。

(3)营造理性爱国教育的环境

处在怎样的环境氛围,也是影响高等学校学生价值观判断力形成的重要外因,如果高等学校的校园中充斥着各类负面的思想和不和谐的声音,置身于其中的很多学生就很有可能受到环境的熏陶而在思想上遭受负面影响。所以要培养高等院校的学生形成正确的思想观念和价值认知,塑造良好的校园环境是十分必要的。这要求高等学校要做好校园的有形物质环境与无形文化环境的塑造。有形物质环境的塑造上主要应对高等学校的各类基础设施进行完善和加强,为在校学生提供干净整洁、秩序井然的校园生活学习环境。从教学楼建筑风格、校史馆的营建和管理,到宣传栏的维护更新等,都属于有形物质环境的营造工作的范畴。而无形的文化环境则主要应对高等学校中的校园文化进行有意识的建设。通过开展校园宣传,在重大纪念日举办纪念活动,开展各类校园文化活动,从而为高等学校营造出积极向上、和谐健康的校园文化。通过校园物质文化与精神文化两个方面,对在校学生形成正面积极的影响和熏陶。互联网是新时代弘扬爱国主义精神的重要阵地。国家应掌握互联网舆论的主动权，借助社会主义核心价值体系建设潜移默化地塑造人们的价值观念，引导整个社会朝着积极健康的方向发展。社会主义核心价值体系能使整个互联网朝着健康方向发展，引领民族精神思潮，提升对网络民主主义思潮的管控力。

此外，在网络环境方面要特别注意营造爱国氛围。应强化引领爱国主义思潮的科技水平。只要出现与国家权益相关的重大社会案件，相关部门应立刻跟进最新消息，避免在网站等平台上出现异常现象和危险元素。极端思潮能够实现社会和网络动员，并对整个社会的主流思想引起极大冲击。有关部门需要提升自身的科技实力，进行定期筛查，强化思想引领和舆论导向功能。必要时，则需要借助新闻等在内的各种媒介对互联网舆论和思想进行正确引导。当前，网络各种思潮愈演愈烈，有关部门应充分警惕境内外不法分子的系列活动，防止爱国主义者被错误引导做出各种非理性行为，有关教育机构应强化对当代青年的宣传教育。

爱国主义带有一定的感性成分，这是因为爱国主义也是一种精神，一种情怀。但事实上感性成分会对个人的行为造成激励效果，如果不加以理性控制，很有可能导致爱国主义在激烈情感的推动下而滑向民粹主义，极端民族主义，这样就背离了爱国主义教育的初衷。所以高等学校要做好爱国主义教育，应注意明确教育指向，把爱国主义教育细分为爱国情感的培养、爱国认知的建立与爱国行为的宣传，通过把三者进行有机结合，使得高等学校学生不仅培养形成爱国主义的情感思想，还对国家有理性的认识，对爱国行为和爱国表现具有正确的价值判断能力，可以正确分辨哪些属于爱国主义而哪些属于民粹主义，避免以极端的行为去宣泄爱国主义情感，做出过激的伤害自身与他人乃至国家的行为。通过明确教育指向，使得高等学校学生获得理想的指引，在培养形成爱国主义的同时，可以始终保持理性的态度，去判断认知各类行为的正面性和负面性，在价值判断上始终保持清醒的头脑，这样才能让高等学校学生树立起理性爱国的正确思想，使得其从仅有爱国主义情感，上升到从思想认识和价值判断上形成爱国主义的更深层认知与判断能力，在形成饱满爱国热情的同时，坚定高等学校学生的爱国信念，并形成理性的爱国认识。

（4）提升学生对西方意识形态渗透防范能力

高等学校积极引导高等院校的学生树立正确三观，"三观"指的是人生观、价值观和世界观，这是人们对人生目的、意义和价值问题的根本看法。高等院校的学生在高等学校学习过程中，处于三观形成的关键时期，是否能够树立起正确的三观，对高等院校的学生未来发展有着至关重要的影响。三观是属于意识形态的范畴，会随着社会经济的发展而不断发展。进入 21 世纪，经济全球化发展使得各国思想文化大交流，高等学校的思想政治教育遭受前所未有的冲击和影响。长期以来，传统的教育主要手段和教学内容相对落后。在这种情况下，高等学校思想政治教育必须紧跟时代步伐进行适当的改革和发展，教育内容、教育方法和教育形式都要进行创新，并结合中国特色社会主义社会发展的实际，在马克思主义的指引下，用社会主义核心价值体系来武装高等院校的学生的思想，让他们免受西方意识形态渗透的影响，引导高等院校的学生形成正确的三观。

加强社会主义核心价值观的引导和教育，做好社会领域主流意识形态的正确引导，在社会公众中传播正能量的思想，宣扬社会主义核心价值观，以德育教育、爱国主义教育、普法教育，提升高等专业人才对国家和社会主义的自信心和自豪感。面向高等学校学生，要做好党的思想、政策，方针的宣传教育工作，让新一代青年树立起坚定的政治立场。马克思主义意识形态的核心内容就是社会主义核心价值观，这也是中国特色社会主义现代化建设的精神动力之一，是实现社会主义发展战略的重要思想保证。高等学校必须坚定地将社会主义核心价值观作为基础，在进行思想政治课程教学过程中不断创新教材内容，创新课堂教学主要手段，增加实习实践环节。同时通过日常学生的辅导和教育管理等主要手段创新和发展思想政治教育的新尝试和新方法，加强社会主义核心价值观的引导和教育。在每一个教学环节中将我国的民族精神、时代精神和社会主义核心价值观融入其中，构建高等学校思想政治教育阵线，加强高等学校的学生抵制西方意识形态渗透的能力。

四、加强传统文化资源的利用

（一）我国儒家优秀传统文化中的相关思想

我国以儒家思想为主流的优秀传统文化为提升社会主义核心价值观提供了活水源头。儒家思想作为中国传统文化的主流，蕴含着丰富的内容，比如天人合一、重一统、讲信重义、以理束欲等，尤其是对个人和群体的精神和物质生活产生了深远影响，构成了当代社会主义核心价值观的传统渊源。

下面，本书选取了儒家优秀传统文化中的相关思想，即"上行下效、为政以德""以民为本、利民富民""礼乐教化、化民成俗""疏而不堵、顺势而导"来进行具体的论述。

"为政以德"就是为政者要以高尚的道德为百姓做示范，引导和教化民众上行下效，实现良好的国家治理。《白虎通·三教》指出，"教者何谓也？教者，效也，上为之，下效之。"① 在儒家先哲看来，统治者追求自身德行的高尚，引导天下人臣服和效仿，是实现国家治理的好方法。孔子多次论述统治者示范效应，对治理国家的积极影响。为政者自身德行端正、高尚，政令就会畅通，民心咸服；自身行为失德，政令即使三令五申也不会得到民众认同。荀子也多次表示，统治者的行为会上行下效，引起天下民众的效仿，这是国家强大的重要条件。为政者以仁爱、道义和威势行于天下，是国家根基稳固和强大的必要条件。后世儒家学者莫不推崇为政者的强大示范作用。《礼记·大学》中，曾子言："一言偾事，一人定国。尧、舜率天下以仁，而民从之②。"都强调为政者本身行仁行义，就会在治国安邦中带来民众自觉跟从的效果，这种"无心之化"能达到比"令"的"有心之求"更好的效果。

儒家优秀传统文化中主张为政者要率先奉行良好的道德风尚，引导全社会上行下效的思想，不仅可以很好地帮助社会核心价值观念深入民心，推动良好社会风貌的形成，而且也可以很好地帮助国家形成强大的感召力，为国家提供强大的精神支撑。虽然其德治的主体是封建统治者"君"，其理论主张有维护封建统治秩序的作用，但其理论蕴含的思想精华值得我们进行创造性转化，为提升思想政治教育服务。当今世界200多个国家中，主要是政党政治为主，执政党和其领袖以及各地方各行业先锋骨干能否为政以德，率先垂范，不仅直接关乎执政党追求的价值理念是否为人们所认同和接受，也直接关乎执政党的政治生命和国家的长治久安。苏联共产党丧失政权是内外交困多种因素作用的结果，但其执政党背离其一度追求的社会主义价值观念是重要的原因之一。总之，"为政以德""上行下效"思想提供了可资借鉴的重要经验。

"以民为本"，就是重视民众在国家治理中的作用，把"民"作为国家政治生活的主体。西周初年中国就有了朴素的民本意识。《尚书·泰誓上》云："天矜于民，民之所欲，天必从之。"③ 指出民众想要的事情，天意也会顺从，暗含着民意不可违思想。西周末年奴隶制日益衰落，周天子势力衰微，传统"天命观"难以为继，人们开始寻找维护政治统治的新信仰，"民"开始进入人们的视野。

孔子继承周公"民为邦本，本固邦宁"的历史经验，要求统治集团要行"仁"。

---
① 班固. 元本白虎通德论 [M]. 北京：国家图书馆出版社，2019.
② 中华文化讲堂. 四书五经 [M]. 北京：团结出版社，2018.
③ 中华文化讲堂. 四书五经 [M]. 北京：团结出版社，2018.

荀子的思想核心在于统治者爱护人民、顺应民心，才能巩固政权。这种"非神""非君"以"民"为政治生活主体的民本思想是"中国政治思想中之主流"，是传统社会价值观得以传承不衰的根本原因。

儒家优秀传统文化中主张为政者要满足民众利益需求、重视民心向背，要采取利民富民政策等思想，成为推动封建社会统治者改善民生、发展生产、传承价值观念、凝聚社会的重要思想动力。儒家学者在君主制度前提下以道德说教的方式对统治集团提出警告，把希望寄于统治集团的开明纳谏，本质上是缺少对封建统治者根本的制度约束，而且被统治的"民"自身权利意识也没有真正觉醒，走到真正自主实现和维护自身权利的民主道路上来。但"民本"思想蕴含的思想精华同样值得我们进行创造性转化。坚持以人民为中心，是我党所有理论方针和政策的出发点。以民为本，改善民生，是党和政府的首要责任，是党和人民追求的社会主义价值理想的体现。升华民本思想，在党的领导下推动社会主义民主政治，以人民当家作主为价值核心，夯实制度安排切实保障人民民主权利。民本须向民主升华，民主也要以民本为"根"，这样民主才会得到滋养和依托。总之，挖掘和创造性转化传统"以民为本""利民富民"思想，不仅可以很好地为提升社会主义核心价值观话语权奠定物质基础，也为民主观念的深入人心开辟了道路。

此外，良好价值观念的传承仅有"富之"还是远远不够的，还需要礼乐教化，化民成俗。孔子主张以孝悌、忠信等伦理观念和"先王礼乐"等作为教化内容，引导百姓树立起儒家的价值观念。荀子主张用礼乐统管人心，促民向善，移风美俗[1]。

如何教化之？兴修典籍、开办学堂、游说诸侯、儒学制度化等成为传播礼乐之道，是儒家价值观念深入人心的方式。如孔子对从周室得到的零散、杂芜的古代文献进行整理，删《诗》《书》，定《礼》《乐》，赞《周易》，修《春秋》，进行"六艺"的编纂，书籍中承载着评判与威慑世人行为的标准，达到引导民众，使民众自觉接受其倡导的"仁"的思想观念的效果。公立与私立教育是实现价值观念话语权的有效方式。夏商周时期就有名为"庠、序、校"等公立教育。"乡，曰庠里曰序。庠者，礼仪也；序者，序长幼也[2]。"除公学外，儒家创办私学，孔子、孟子、荀子都办学授徒，将教育普及到平民百姓，传播了儒家学说观念。

游说诸侯、参与政治、儒学制度化是把握价值观念话语权的有效方式。孔子从鲁国辞官后曾周游列国宣讲自己的主张。孔子之后，其弟子也散游诸侯，或为师，

---

[1] 王先谦.荀子集解.[M].北京：团结出版社，2018.
[2] 班固.白虎通义[M]北京：中国书店出版社，2018.

或为卿相，广泛传播自己的主张。而儒家价值观念话语权的获得，在后世科举制度中表现得最为完备。科举制考试内容注重儒学经典，这种制度化支撑最直接有力地保证了儒家价值观念的传承繁衍。儒家这种注重礼乐教化，通过文化经典传播、学校教育教化、儒学制度化支撑来渗透自身倡导的价值观念、促进移风美俗的做法，为今天进行思想政治教育提供了很好的借鉴。

在社会舆论方面，儒家对社会舆论采取"疏而不堵，顺势而导"的方法，也可以很好地帮助其倡导的价值观获得话语权。价值观话语的传播意味着信息的流动，必然要注重社会对信息的反馈。社会舆论反映了集体的思想和行为取向，是价值观话语传播过程中要密切重视的问题。儒家思想非常重视舆论的引导作用。《史记》记载大禹之功，"唯禹之功为大，披九山，通九泽，决九河，定九州，各以其职来贡，不失厥宜。方五千里，至于荒服"。[1]大禹采用"疏导"之法，顺应水性，导河入海，取得整治水患的胜利，给后世留下重要启示。《论语·颜渊》记载，叶公问孔子要如何治理国家，孔子回答说，"近者悦，远者来"。[2]政事清明，百姓安居乐业的舆论散布开来，自然会使远方的人来投奔。表现出儒家对社会舆论影响力的重视。

儒家提倡对舆论进行"疏导"，批评"堵塞"舆论的方法。《国语·周语上》记载了为政者采用堵塞之法而最终失败的事例。周厉王实行暴虐统治，不听大臣告诫、民众的批评，反派人到处监视抓捕加害批评朝政的人。大臣邵公劝告他，"防民之口，甚于防川"，但周厉王仍我行我素，终于以民变被放逐而告终[3]。这就告诫为政者对社会舆论如果仅以强行封堵的极端控制措施，是无法取得预期的效果的。而如果采取"疏导"的方法，则是另一番景象。《左传·襄公三十一年》记载，郑国相国子产对批评朝政的言论并不主张加以禁绝，反而认为，他们说得对的，我就照做，说我做得不对的，我就改，这就是我的老师啊[4]。其对批评言论的开明态度，使民众的意见得以畅通表达，政事得以完善，社会凝聚力得以增强，郑国的国力也让敌国不敢侵略。正反两方面的事例说明了儒家思想重视社会舆论的作用，更多强调以疏导的方式来引导社会舆论的走向。这就要求当前社会主义核心价值观话语权建设要清醒地处理好政事与社会舆论的关系，既要处理好政事，营造良好的社会舆论，传播倡导的社会主义核心价值观念，又要注重追踪和应对变化的社会舆论，学习传统善于纳谏的政治智慧，推进政事的进一步完善，进而

---

[1] 司马迁.史记[M].北京：北京联合出版公司，2016.
[2] 张圣洁主编.论语[M].杭州：浙江教育出版社，2019.
[3] 左丘明.国语[M].上海：上海古籍出版社，2020.
[4] 杨伯峻.春秋左传注（修订本·全6册）[M].北京：中华书局，2016

巩固社会主义核心价值观话语权。总之，挖掘阐发以儒家思想为主干的我国优秀传统文化，激发其生命力，为我们提供了有益的思想借鉴。

（二）基于传统文化思想的社会主义核心价值观

早期马克思主义者虽然没有明确提出"社会主义价值观"的概念，但他们每一次社会主义理论创新和实践探索，都蕴含并反映着他们对社会主义价值观的深切向往与孜孜不倦的追求。我国相关学者分析指出科学社会主义诞生至今的社会主义价值观的形式，认为科学社会主义价值观的根本点就是无产阶级解放，实现公平正义、人权、自由与和谐的社会。

社会主义核心价值观是党对"建设什么样的中国特色社会主义"的最新理解，是党对中国特色社会主义的认识从制度层面深入到价值层面的最新标志，反映了实践当中党对三大建设规律的认识，当然也必将随着党领导人民发展的新实践获得进一步的理论升华。

从内容上看，社会主义核心价值观深刻体现了"实事求是"的马克思主义精髓。以最高价值理想为指引，从现实出发的社会主义核心价值观，集中体现了实事求是的马克思主义精髓。社会主义核心价值观的内容在于以下几点：富强，也就是国富民强，与资本主义社会两极分化不同，我们追求的是共同富裕，同时又是与世界合作共赢的富强；民主，也就是人民当家作主，是党的领导与人民当家作主和依法治国的有机统一；文明，就是以发达的社会主义文化产业培育文明公民和形成强大的文化软实力，同时与世界多样化文明包容共生、平等相待、交流交融、美美与共；和谐，是社会主义条件下以公有制为主体、主体平等基础上的人与自然、人与人、人与自身和人与世界和谐；自由，不是资本主义条件下少数人的自由，而是社会主义条件下，全社会成员在经济上共同占有生产资料，在政治上共同享有平等权利让最广大人民享有最广泛自由权利；平等，并非是传统的平均主义，而是社会中的各种主体在社会关系和社会生活中地位平等，具有相同的发展机会，享有同等的权利；公正，是权利、机会、规则的全面公平，以社会公平正义保障体系来营造良好的社会环境造福人民；法治，意味着"依法治国"的治国方式和"法律至上"的法治精神，是人们享受自由、平等和公正的保障；爱国，是我国最重要的优良传统，也是实现中华民族伟大复兴的精神支持；敬业，不仅是社会道德的基本标尺，更是社会主义条件下主体地位平等中形成的，以为人民服务为核心，以集体主义为原则；诚信，既是个人以诚待人的优良传统和美德，也是政府取信于民的基石和灵魂；友善，是社会主义公有制为坚实基础的社会关系和睦、社会和谐。

二十四字的社会主义核心价值观反映了当前党对理想的世界、理想的国家、理想的社会和理想公民的认识,为最高价值理想的实现创设条件。随着实践发展,认识的加深,理论的创新,在实事求是原则指导下必然能够在未来深入研究、概括总结的基础上继续凝练升华社会主义核心价值观。

在性质上,社会主义核心价值观是社会主义核心价值体系的内核。以辩证历史唯物主义和科学社会主义理论为基础的社会主义核心价值观,属于先进的意识形态,揭示、创造和表达着对社会主义的理性化、系统化的价值意识,是科学真理的价值体现。在总结社会主义理论、实践社会主义运动和建立与巩固社会主义制度的过程中,人民日益增进了对社会主义的价值自觉,不仅以社会主义价值取向指导社会主义运动,也依据这种价值对社会主义制度的具体设计、实现社会主义的道路、途径和条件等不断探索,生动地展现出无产阶级和劳动人民在掌握科学真理基础上的自觉价值追求。制度蕴含着价值理想,制度的设计与安排总是围绕着价值理想而展开。制度蕴含着国家治理体系要求的价值规范,是以社会主义先进文化引领方向。

在方法上,社会主义核心价值观需要执政党高屋建瓴自觉培育。一个社会的主导价值观是由代表人民利益的先进政党着眼于全体人民共同利益和长远发展而提炼概括并在全社会推行的价值观。此外,文化有自发性的一面,因为当前西方国家基于其信息优势、技术优势等对我国进行话语倾销,人们的精神生活容易被资产阶级意识所支配。如果盲目推崇自发性,实际中就会造成对资产阶级依附的后果,是臣服于资产阶级话语霸权的同义语。列宁对此发出过严厉的警告,必须警惕盲目崇拜自发性的错误倾向。因此,唯有文化自觉,坚持以社会主义核心价值观引领新时代文化建设,才能打破资产阶级的话语霸权,自觉抵制西方文化渗透,走中国特色社会主义发展之路。

环境的影响对于社会的价值观的培育是非常重要的。一个社会价值观的培育并不是在封闭的环境中进行的。在全球化、信息化带来的开放社会环境当中,不同的社会价值观之间进行着激烈的斗争。封建社会的腐朽价值观仍没有绝迹,西方国家也不会主动放弃话语霸权,反而竭尽全力使其价值观普遍化、绝对化,不遗余力地对我们进行倾销和渗透。在实践中,我们对社会主义核心价值观的认识仍不足,践中仍存在着诸多问题,人们对社会主义核心价值观认同度仍有待提高,社会主义核心价值观影响力和感召力仍然有待加强,因此,全面增强人们对社会主义核心价值观的认同,就要抓住争夺、捍卫、巩固话语权这个核心问题和关键所在。

（三）新时代中华优秀传统文化与思政教育体系的结合

2020年末教育部成立"大中小学思政课一体化建设指导委员会"，不同学段不同类型思政课一体化建设进入了新时代学校思政课高质量发展的新阶段。按照青少年成长、成熟、成才循序渐进发展的规律，要求每一个阶段的思政人不仅要守好自己的责任田，还要做好上下衔接前后照应的接续传导把新时代中华优秀传统文化传承、发展与大学生思想政治教育融合，这是当前思想政治教育工作者面临的重要课题。

1. 融入中华优秀传统文化的要点

（1）信仰：忠实信仰是有效推动传统文化教育的前提

思政课教师既是一名传授思想政治理论知识、培育大学生理想信念和道德情操的"人生导师"，同时也是我党科学理论和方针政策的宣讲师，要从"对国之大者心中有数"的政治高度，看待中华优秀传统文化教育贯穿思政教育始终的战略。中华优秀传统文化蕴藏着丰富的思政教育资源，是高等院校思政教师提升自身人格修为、引导学生形成中华人格的精神动力。中华优秀传统文化是广大高等院校思政理论课教师锤炼自身思想道德品质的营养剂，也是教育引导学生向上向善向先贤学习的素材宝库，对学生来讲更具有可信度和说服力，从而提升思政课的教育效果。因此，所有学段的高等院校思政理论课教师要坚定中华优秀传统文化自信，不断用优秀传统文化丰富乃至超越传统的职业内涵，在立己达人的螺旋上升中，用自己良好的传统文化观，加强对学生中华优秀传统文化教育，把学生塑造成有国家文化信仰的一代新人。

（2）学习：加强学习是有效推动传统文化教育的关键

中华优秀传统文化进思政课到底进什么？《完善中华优秀传统文化教育指导纲要》《关于实施中华优秀传统文化传承发展工程的意见》《新时代爱国主义教育实施》《习近平新时代中国特色社会主义思想进课程》等文件都有具体的要求，概括起来就是"以弘扬爱国主义精神为核心，开展家国情怀、社会关爱、人格修养的教育"。以此构建不同学段的具体教育内容、目标及实践，同时注意纵向贯通、上下衔接、相互渗透、相互转化。思政课传授学生中华优秀传统文化的内容已经明确，高等院校思政课教师要积极参加学校和其他机构组织的传统文化培训学习和研修活动，增进对中华优秀传统文化的理解与认同，通过网络、传媒、公众号、在线教育平台等多种便捷学习工具和途径，提升自身传统文化素养。

（3）创新：教改创新是有效推动传统文化教育的核心

要做到贴近各学段学生身心发展特点和社会生活的实际，真正实现纵向贯通衔接、逐步推进，只能通过大中小学段思政课教师打破学段壁垒，走出自己的学段局限。要定期进行大中小学思政课教学研究交流研讨，集体备课，就中华优秀传统文化在不同学段的教学目标、任务、原则、内容、载体、方法等要求进行集体学习研讨，针对同一教育主题内容不同学段的教学设计思路理念以及重难点的划定与破解之策研究确定。同时充分利用网络信息技术以"活"化"隔"，创新中华优秀传统文化的表达与传播路径。网络的便捷使得中华优秀传统文化能够以多种样态出现在大家面前，一堂好的思政课能通过网络即时秒传全国，这也为高等院校思政课教师教学改革提供了很好的参考，各学段高等院校思政教师可以通过网络视频的形式即时进行集体交流研讨，理论课在丰富课程素材、充实教学内容的基础上确定所在学段的教学侧重点。教师用自己良好传统文化观，加强对学生的中华优秀传统文化教育，把学生塑造成有国家文化信仰的一代新人。

2. 以思政课为主阵地和主渠道

《新时代爱国主义教育实施纲要》指出，要深入实施中华优秀传统文化传承发展工程，要办好学校思想政治理论课[①]。毋庸置疑，思政课是爱国主义教育的主阵地，广大思政课高等院校教师要抓住青少年学生"拔节孕穗"的形塑成长期，用党的科学理论武装自己的头脑，讲好思政课，引导学生把爱国情、强国志、报国行自觉融入民族复兴的奋斗之中。《关于深化新时代学校思想政治理论课改革创新的若干意见》强调要"按照循序渐进、螺旋上升的原则，立足于思政课的政治性属性，对大中小学思政课课程目标进行一体化设计"。因此，爱国主义教育要贯穿所有学段，要通过思政课这门培养大中小学生树立正确政治思想道德价值观不可替代的关键课程，凭借中华优秀传统文化教育激活广大青少年的民族精神基因。

弘扬中华民族优秀传统文化，应推动民族优秀传统文化和新时代先进思想的融合互动，不断增强青年大学生的民族自豪感和自信心，引导当代新青年思想境界的升华。在悠悠五千年的大国历史中，这片黄土地孕育和产生无数英雄烈士的爱国主义思想，并融入优秀的中华民族精神中。徐特立说："人民不仅有权爱国，而且爱国是个义务，是一种光荣。[②]"这句话中浓缩自古以来中华民族不屈和崇高

---

① 中共中央，国务院.新时代爱国主义教育实施纲要.2019年.
② 徐特立.怎样实施爱国主义教育[M].西安：西北人民出版社，1951.

的爱国主义情怀。作为中华民族优秀民族精神的核心，爱国主义精神在高校大学生群体中积极弘扬优秀的传统文化并与新时代发展主题融合，引导青年大学生热爱自己的祖国和民族、树立正确的价值观和政治观念，最终为实现中华民族伟大复兴的中国梦贡献深层推动力。

五、加强心理健康教育和思政的结合

（一）大学生容易出现的问题

目前，学生十分容易出现一些心理问题，部分学生在学习和生活中表现出很多的问题，比如以下方面。

一是无聊感。学生很容易在学校学习中出现无聊感以及缺乏学习动机，这对于学生的思政教育的发展是十分不利的。

二是缺乏学习动机。这是很多高等院校的学生的一个普遍问题。

三是缺乏自制力。随着年龄的增长，人们会意识到如果自己想在生活中取得成功，就必须有自制力。早上 7 点，人可能根本不想起床去上班，但人们知道，要拿到工资，就得咬紧牙关起床。有些学生仍然不知道如何控制自己。他们自制力差，不能集中注意力。这种情况可能与他们的家庭背景有关，也许是因为从来没有人教过他们这些技能，没有人告诉过他们自控的重要性，没有人培养过他们的自控行为。任何缺乏自制力的学生在学校都会感到不舒服。例如，当他们在睡大觉的时候，有些学生会去图书馆。可以说，一些大学生，如果缺乏自制力，很难控制自己的行为。

为此，在思想政治育人体系建设中，还应该切实关注学生出现的以上问题，利用一些心理健康教育手段引导学生，这样也能更好地促使学生形成良好的思想政治风貌。

（二）解决的手段

第一，如何促使学生摆脱无聊感。很简单，那就是促使思政教育变得更有趣。在这方面，相关教育者要运用多种教学方法。让那些一开始就觉得无聊的学生，很难专注于某项活动。教育者可以通过各种练习、实践活动和生动的任务来丰富课程。同时可以运用多种感官，分配短时间任务。对于一些注意力持续时间短的学生来说，分配多个短时间任务比一到两个长时间任务要好。每完成一项任务，学生都会受到鼓励或奖励，以鼓励他们更加努力地学习。

第二，应该如何解决缺乏学习动机的问题。首先，刚开始开展一门新课的学习，就要把学习目标讲清楚，把课堂教学内容讲得清楚明白，把学习的原因讲清楚，帮助学生在课后建立课程内容与任务的联系。其次，将课程分成几个独立的任务，为学生设定确切的目标，并规定每一步必须完成多少。学生每完成一项任务，就会得到奖励，教育学生认识到认真学习是有回报的。

第三，解决缺乏自制力的问题，需要高校教育与管理者尤其重视训练学生掌握自我控制的技巧。如果学生想达到社会的期望，自控力和专注力是两个必要条件。所有的高校教育与管理者都知道专注对于有效学习是多么重要。高校教育与管理者可以在思政教育中，根据学生的年龄或学科领域进行调整。开展一些可以很好地帮助学生自制力的锻炼与提高的活动。

六、将思想政治教育与其他课程结合

（一）基础分析

分析思想政治育人理论体系，不难发现，仅仅依靠单一的思想政治理论课是远远不够的，必须要将思想政治教育和其他方面结合，尤其是要和学生的专业课或者其他一些专业课结合，以促使思想政治教育"全面渗透"，这样才能够让思想政治育人体系更加完善，也更能够帮助学生获得更好的发展。因此，本书在下面的部分会重点分析思想政治教育与其他课程的结合。

可以说，将思想政治教育融入各类课程教学内容中是一种综合教育理念。实现教书和育人两大功能的统一是现代教学的重要目标。无论从国家建设角度出发，还是从新时代专业人才培养角度出发，将思想政治教育融入各类课程教学内容中都显得尤为重要。

思政教育与专业教育、素质教育是内在一致的。任何一门学科专业，都具有受众广和学习深的特点，是开展思政的有利条件，是基于对某一种事物、领域等认知的普遍性上的深入探索的过程，也是推动思政发展的关键之一。

在教学目标上，一些专业课程和思政课一样，都是为了育人，使得受教育者接受"德、智、体、美、劳"五方面的教育和培养，以获得全面发展。在教学方法上，都是通过讲授法、自主学习法及实践操作法来传授知识、内隐思想。在教学内容上，它们所包含的求真探索精神、科学思维方法等，也是思政教育的主要载体。

思想政治教育与其他课程的结合不仅是新时代高校思想政治教育建设的新模式、新理念、新方法，也是高等院校教师"传道、授业、解惑"的基本遵循。它并不是增开一门单独的课程，而是在原有课程的基础上，通过提炼、分析、归纳非思政课程中的思政元素,将思想政治教育融入专业课程教学的方方面面,从而到达全员、全程、全方位育人的教育目标,实现立德树人。从另一个方面来说,思想政治教育与其他课程的结合可以理解为以专业课为基石,借专业课、基础课这个平台来进行的思想政治教育实践活动,其依靠非思政课程的价值内涵,在知识传递中实现思政教育的价值。

但目前从一些专业的教学来看,其与思政的结合还存在一些问题。

一是部分专业学生主观不够重视,笔者通过调查问卷了解到,职业担当模块相对较低,在跟学生的交流中发现,学生对自己将来职业规划很迷茫,大脑里被网络上、新媒体的一些不实信息干扰,在"快餐文化"影响下,信息受众对于知识的获取但求了解不求深入。

二是职业道德的教育比较缺乏。每个专业都有每个专业的职业道德,比如医学生的职业道德首先忠于社会主义医疗事业,社会主义医疗事业需要思政教育的学习,医务人员的职业道德及应具备的思想品质,也是行医者应具备的最基本的素质。

三是思政教育认识不足,融合不到位,方案不明确。课程的教学没有将思想方面的教育融合起来,而是将二者分开讲述,导致学生在听课过程中一听到思想政治教育部分内容时就产生厌学情绪,这也是学生对于课程满意度低的主要原因。目前存在专业教育与思想教育"两张皮"现象。如何在专业课中进行思政教育是目前迫切需要解决的。

我们要认识到将思想政治教育与其他课程结合,契合立德树人的高校培养目标,需要高等院校专业课教师循序渐进地去挖掘、提炼并整理课程所蕴含的科学精神、价值取向及伦理规范等思政元素。但事实上由于自身知识结构的限制,有些高等院校专业课教师对于组成思政元素的架构还不太清晰。必须清醒地认识到,挖掘思政内容不能闭门造车,与其他领域的高等院校教师相互启发尤为重要。比如对世界史、中国史及科学史的理解,对职业的了解等等都可以纳入课程的思政内容。随着教学实践的展开,高等院校专业教师的思政素养也将不断提高,会与时俱进地补充一些先前未认识到的思政元素,体现思想性和时代性。

(二)实践路径

1. 高等院校教师思政教育意识提升

在思政育人体系建设过程中,首先要加强师资队伍建设,提高高等院校教师的思政意识,推进全员育人。高等院校教师肩负着教书育人、发展知识并创造知识的重要任务，是教书育人实施的主体。但由于专业的限制，使得部分高等院校教师自身对"思政"内容不够熟悉，导致在非思政类学科专业课授课过程中缺乏系统性和连贯性。另外，由于大部分高等院校专业课教师在承担教学任务的同时还要承担大量的科研任务，在有限的时间内，很难完全掌握学生的相关思想动态，不能在教学过程中对于部分学生及时做到针对性的讲解。因此，在高校思想政治育人理论体系的改革创新中，高等院校教师要融入学生中去，尊重青年人的成长特点，从而设计出为广大学生所喜闻乐见的内容，以达到全方位实现同向同行育人目标。

在高校思政育人体系的建设过程中，高等院校专业课教师不仅要自觉加强思政理论学习，学习马克思主义基本原理、习近平新时代中国特色社会主义思想等，而且要加强与思政课教师的交流，提高思想认识和觉悟，产生更多如何将思政课程融入专业课程的灵感，以推进课程改革。在教学过程中，高等院校专业课教师需融入自己对于专业课及思政课的构思和想法，从不同的角度和创新点，设计每一节课。每一个章节的讲解中都包含着不一样的思政内容，不仅仅是既往我们所学的马哲、毛概、思修等书本上的内容，而是在此基础上融入授课高等院校教师的思想，结合自己的工作经验、人生阅历，润物细无声地把国家政策、先进思想、科学理论、优秀传统文化传递给学生，达到专业课与思政课齐头并进的目的，形成协同效应。

2. 将思政元素有机融入专业课程中

"好的思想政治工作应该像盐，但不能光吃盐，最好的方式是将盐溶解到各种食物中自然而然地吸收。"[①] 如果在实施中，将专业内容与思想政治内容完全分割开，生硬地灌输思想政治教育元素和资源，就如同让大学生直接吃盐，极易产生反感和抵制，那就与我们当初实施思政课程改革的目的背道而驰了。教育尤其是思想政治教育的力量和魅力，在于说到人心里去，思想政治工作是要讲究方法的，还需要艺术，教育者要具备教育的智慧，做到将政治思想化于无形、融于细微，只有这样，才能让思政课程的效果达到最佳。因而在教学环节的安排及教学内容中均可加入思政要点。比如通过将爱国主义情怀、集体主义精神等思政教育内容合理融入其他课程的教学过程中，实现专业课的"思政"与思政课齐头并进，以达到全方位育人的目的。

---

① 习近平总书记在全国高校思想政治工作会议上的讲话.

3. 基于具体的课程进行思政目标建设

对不同的课程而言，建设的总体目标是让学生掌握专业知识，但事实上在此基础上，高等院校教师可以帮助学生在完成专业学习的基础上设立思想政治方面的目标，观察学生的表现。

4. 灵活教学方法的运用

教学方法上，因地制宜，线上线下相结合。课堂是思政的主要渠道，有些课程的专业性比较强，前期理论知识教学安排在线上进行，突破时间和空间的限制，以便学生利用空余时间听课，能将所学理论知识应用于实际，结合自己在工作中所遇到的问题，更好地理解和掌握理论内容。同时，线上授课的方式能够提高学生自主学习和主动思考能力，给学生提供更多思考的空间，提高学习效能。比如对于医学专业的学生来说，从古至今，在与重大疾病作斗争的过程中，在面对医疗资源稀缺的时刻，发生了很多感人肺腑的英雄事迹，身披白袍的他们不仅是天使，也是英雄，鼓舞着无数医学生投身于伟大的医学事业，我们可以通过多媒体、短视频等先进手段，邀请医院里曾外出援助过偏远地区及国家的医生们，讲授他们在医疗条件落后的地区工作过程中的真实事例、感人事迹，激发医学生的爱国情操、工作热情、职业信仰，以此激发青年学生的爱国主义情怀，培养学生作为祖国未来的希望的责任感和使命感。同时要强调医疗体系和职业精神的高度融合，注重医学生的职业精神的培养。并且从中学习国家政策、医患沟通技巧、诊治应变策略等。

这样在线上课堂授课的过程中，利用互联网的便利，通过短视频的形式，多元化地向学生传达灌输政治思想，提高学生的思想境界。同时在理论知识基本讲授结束后，合理组织线下课堂，结合他们自身专业遇到的实例，利用场景模拟教学，合力解决在今后的工作中可能遇到的挑战性难题，鼓励学生参与思考、提出问题、给出意见，并由高等院校教师给予指导，能够更好地帮助学生适应将来的发展、解决问题。

此外，高等院校教师也可以在高等院校教师实训室文化建设上下功夫，结合专业特点，以展板等形式宣传专业发展史、成果，张贴一些相关制度，进一步提高本专业学生的思政水平。作为高等院校专业课教师，一定坚持"立德树人、以德为先"的教育理念、全面推进思政建设，将思政模块渗透到日常知识传授和能力培养中，上好有"思政味"的专业课，帮助学生塑造正确的世界观、人生观、价值观，构建全员全程全方位育人格局。

5. 建立有效评价模式，保障融入效果

其他课程和思政结合的评价体系还未成型，不仅要设计问卷调查，同时也要有相应的反馈机制，及时整改，不断完善其他课程和思政的结合。只有改变原先的"一考定成绩"的终结性评价，采取平时成绩、期中考试结合期末考试的过程性评价，才能充分发挥考评手段在学生学习过程中的评价、反馈、导向与激励等作用。

6. 注意问题探究式的导向

研究如何将思政元素有机融入其他课程教学的路径具有重要意义。可以说，在将思政元素有机融入其他课程教学的路径中，转变学生观念是融入的切入点，抓实抓牢这个着力点，才能实现"知识传授"与"价值引领"同向同行。在融入方式上，应该倡导以问题为导向，启发科学思维；在融入渠道上必须加强课内课外学习的拓展及融合；为了保障融入效果，尚需建立有效评价模式，方能切实发挥育人合力，达到融价值引领、能力锻造、知识传授于一体的教学目标。

高等院校教师要在传授具体的课程知识的基础上，通过科学思维的训练及理论的熏陶，潜移默化地引导学生将自己学习到的知识转化为内在价值观，转化为自己的一种科研素质或思维能力。

7. 改变学生对于思政观念的认知

近年来，由于过分重视实用知识的吸纳，加上网络信息的嘈杂，以功利为导向的思想和学习终将难有作为。以好奇心和想象力驱动的学习，才可以让学生变得更聪明、更睿智、更从容。虽然在知识学习中的基本原则是求真，但也可以在此基础上厚植家国情怀、生命情怀、人文情怀，求真求善求美，在这样的教育下，学生才能成为有灵魂的人才。

8. 重视专业课程的发展史

不管什么专业，都经历了一个发展的过程，在这个过程中涌现出来无数的杰出人物和一些事件。所以说，从无到有、从有到强的发展过程中也涌现出了大量的思政元素，值得我们深入的研究与学习。例如，青蒿素的发现历程，就是爱国情怀及民族精神的重要体现。近年来，我国疟疾预防和治疗工作取得了显著成效，但在一些较偏远地区仍存在不断暴发的疟疾疫情。而青蒿素的问世极大地降低了疟疾患者的死亡率，在全球疟疾防治方面做出了巨大贡献。青蒿素的发现者，我国著名药学家屠呦呦也因此获得了 2015 年"诺贝尔生理学或医学奖"。屠呦呦教

授的获奖，是我国医药学发展过程中取得的辉煌成就，同时也是对中医药疾病防治效果及我国民族文化的肯定，是爱国情怀的体现。因此，在授课过程中，通过对相关背景材料的介绍，循序渐进，由浅入深，从具体到抽象，从现象到本质，增进学生的爱国主义情怀以及民族自豪感，逐步引导学生树立正确的世界观、人生观、价值观，真正让爱国主义精神在青年学生心中牢牢扎根。

9. 建立思政案例库

各个专业教育相关工作者，可以在"育人体系"背景下建立思政案例库，合理编排思政模块，比如爱国主义模块、职业道德风气模块、精益求精模块、安全意识模块、职业担当模块、言传身教模块六个模块。在此基础上撰写思政方案，通过教学设计制定专业课程思想政治工作方案，将思想政治教育贯穿于专业课教学全过程，开学前教研室集体备课，除了突出每节课的专业知识重点、难点外，还要结合上课实际内容、知识点深度挖掘课本中的思政元素，对应以上六个模块不断深挖，并研究相应的渗透方法，做到真正的润物细无声。同时开展全系的精讲课，高等院校代课教师精讲完毕后，全系高等院校教师共同帮助代课教师，深入挖掘思政内容，探讨思政的高度是否合适，研究渗透的方法需要改善和加强，进一步促使代教老师课程思政能力不断提高和改进，撰写思政方案；经过几轮这样的精讲，逐渐建设本专业以及本系的思政案例库。在本专业人才培养方案中，明确指出不仅要求基本理论扎实，操作能力过硬，且具有良好的职业素养和高尚的道德素质。

七、关注高等院校教师水平的提升

本书在上文部分简单探讨了高等院校教师思政教育意识提升的内容。无论如何，高等院校教师都是在高校思想政治育人体系中具有十分重要地位的一个部分。但事实上我们也可以知道当前高等院校教师自身还存在一定的不足。所以探讨"关注高等院校教师水平的提升"是十分必要的。但事实上高等院校教师水平的提升并不是一个简单的事情，需要多方面的努力。下面，本书从多方面出发，对于高等院校教师水平的提升尝试进行了分析。

（一）专业能力和道德素养

新时代办好人民满意的教育，贯彻落实立德树人根本任务，全面加强高等院校思想政治教师队伍建设，需要从强化业务本领、提高政治站位、提升道德修养、践行仁爱之心四个维度去提高高等院校思想政治教师的基本素质。

1. 提高专业技能

高等院校思想政治理论课是一门集经济学、政治学、文化学和哲学等多领域的必修课程，高等院校思想政治理论课教师肩负着传授知识和启迪心智的使命。随着新时代信息技术的飞速发展，要求高等院校思想政治理论课教师要不断地强化自身业务本领。不仅要有深厚的知识底蕴和过硬的教学能力，还要有因事而化的思维和宽广的胸怀视野。具体而言，一是要拓展知识面。具备扎实而广博的学识是高等院校思想政治理论课教师最基本的业务素质之一。面对传统的"一桶水"和"一杯水"的理论，新时代创办人民满意的教育对高等院校思想政治理论课教师提出了新的更高要求。高等院校教师凭借仅有的知识储备已然无法胜任当前的教学，需要高等院校思想政治理论课教师始终保持学习的状态，严谨笃学，适时对自己的知识储备进行盘查，立足于学科发展最前沿，永不停歇地进行教学探索。二是要不断更新教学思维。高等院校思想政治理论课教师要运用科学的思维方法去创新教学形式，解决教学实践中的问题。以新的视角去了解发展变化了的教学对象，用习近平新时代中国特色社会主义思想去充实课堂教学内容。因时而进、因势而新，比如在讲到中国特色社会主义制度时候，就可以结合新冠肺炎疫情来审视中国抗疫取得阶段性胜利的原因，探究中国特色社会主义制度的优越性，中国共产党的全面领导以及彰显出的中华民族守望相助的传统美德，让学生从内心深处认同共产党的领导和执政地位的确立是历史和人民的选择。三是要不断开拓视野。受高校思想政治理论课本身的特点和当下多元化信息的发展，需要高等院校教师开拓视野，提升学习能力，不断解锁知识领域中的盲区，形成"融通型"知识结构。

2. 坚定理想信念

坚定理想信念，提高政治站位，是每一位高等院校思想政治理论教师都需要遵循的准则。高等院校学生正处在"三观"形成的关键时期，思想活跃，更需要高等院校思想政治课教师正面的积极引导。面对复杂多元的外部环境和国内市场经济的影响，这就要求广大高校高等院校思想政治课教师在大是大非面前，要有明确的政治意识和灵敏的政治鉴别力，加强引导高等院校学生做中国特色社会主义的坚定信仰者，肩负起立德树人、铸魂育人的神圣使命。梦想要以梦想去点燃，高等院校思想政治理论课教师只有自身坚定政治理想信念、提高政治站位，才能在学生心中播撒民族梦想的种子。这就要求高等院校思想政治理论课教师要怀有远大志向和深厚的家国情怀，引导激励高等院校学生的爱国情感。加强高等院校思想政治课教师队伍建设，高校教师要争做一个有坚定政治理想信念的好老师。一方面，心中要满载国家和民族，主动将党的教育方针落实到教学管理工作当中。如将中国特色社会主义的政治制度、政党制度以及政治理念等传播给学生，以达到政治认同和公共参与的核心素养目标。另一方面，要做文化自信和自觉的忠实践行者，做社会主义核心价值观的积极传播者，为广大高等院校学生把好人生的"总开关"。如结合中华文化、中国精神和中国价值来培养学生的人文积淀和价值取向，感悟中华民族优秀传统文化，帮助学生发展成为有更高精神追求的人。

3. 强化道德修养

亲其师，才能信其道，高等院校思想政治理论课教师的人格魅力在教育教学中发挥着重要力量，是高等院校思想政治理论课取得良好实效的重要保证。习近平总书记在学校思政课教师座谈会上，为新时代的思政课教师提出了"政治要强、情怀要深、思维要新、视野要广、自律要严、人格要正"的总要求[①]。提升高等院校思想政治教师的职业道德修养，用高尚的人格感染学生，才能更好地使学生信服其所讲授的道理，进而更深入地感受其所传授知识的力量。高等院校生虽然生理心理日渐成熟稳定，但也会表现出因为认可高等院校教师品行而钟爱一门课程的现象。高等院校思想政治课是一门意识形态较为浓厚的理论性课程，高等院校教师更要崇德修身，提高和增强自身的人格魅力，运用积极向上的人格力量引导学生成长和把握好人生方向。要汲取道德榜样的优秀特质，不断摒弃和克服消极人格因素，通过高尚的人格让真理的光辉更加耀眼。从人类行为约束的路径来看，自律即自我要求、自我约束的思想境界，通过返回自心，自觉按照一定的道德规范来约束行为，可视为道德发展的终极目标。作为高等院校思想政治课教师，更要慎其"德"，否则将颠覆思想政治教育的本质。要率先垂范、以身作则，不做"分裂"型人格高等院校教师，要严于律己、宽以待人，只有这样，才能让学生从内心深处高度认同教师所传递的真理，从而达到良好的教育效果，实现教育的初始目标。

4. 做到用爱心培育学生

一名合格的高等院校思想政治理论课教师要有一颗"仁爱之心"，一颗立德树人的初心，要秉持一颗仁爱之心为学生启迪心智，净化心灵。具体而言，作为一名有仁爱之心的高等院校思想政治理论课教师，应该以"爱"为核心。首先，<u>热爱自己的事业</u>。甘守三尺讲台，坚持立德树人，始终秉持着与时俱进、传道授业、

---

① 习近平总书记在学校思想政治理论课教师座谈会上重要讲话，2019年3月18日．

开拓创新的敬业精神，保持着追求卓越、无私忘我的奉献精神。其次，关爱自己的学生。能蹲下身子、放下架子，用真情去拉近与学生的距离，润泽学生的心田，把自己的温暖和情感全部浇灌到每一个学生身上，用真诚去感化，用赏识去激励，用博大的胸怀和宽容的态度去对待学生的过失或错误，用发展的眼光去欣赏学生。学会用欣赏的眼光来树立学生的信心，用信任的眼神去培养学生的自尊，寻找他们的闪光点，做好未来成长发展的引路人。最后，高等院校思想政治理论课教师的爱，要把教育汇作爱的泉源的大爱，既包括对事业的热爱，对学生的关爱，也包括爱身边周遭的环境和美好的事物。教育的原点就是爱，高等院校思想政治理论课教师肩负着立德树人的任务，更要用爱培育爱、传播爱，用爱唤起学生爱的共鸣，教会学生理解爱、感悟爱、付出爱，让爱汇聚成一股不可阻挡的教育力量。

（二）学校加强对教师的引导

1. 加强教师配备

优化高等院校思想政治理论课教师配备是推进高等院校思想政治理论课教师队伍建设的源头问题，需要地方政府相关部门和学校协力解决，配齐高等院校专职思想政治课教师队伍，及时选聘优秀年轻的教师充实高等院校教师队伍，保持队伍充满活力。方针已定，政策已明，相信只要学校有效落实地方教育部门相关政策，构建起有序有效的优秀高等院校教师形成机制，逐步增强高等院校思想政治理论课教师岗位对优秀高等院校教师的吸引力，高等院校思想政治理论课教师队伍兼职教师多、高等院校教师兼职工作杂等问题就能得到有效缓解直至解决。随着地方招师引才的聘用自主权越来越大，更要提高准入门槛，重学历但不能唯学历，要讲究德才兼备，更坚守师德为首，不拘一格选拔人才。积极探索招收和培养更多男性高等院校教师的举措和渠道，保持高等院校思想政治课教师男女比例基本平衡。针对专业结构不合理现状，要优先从师范类院校选拔人才，吸引高等学校思想政治教育相关专业毕业生担任高等院校思想政治教师。强化队伍建设，要在自我创新和学校支持的机制下，进一步发挥各年级高等院校思想政治课教师的特长，充分凝聚团队的智慧和力量，建设团队文化，更好地促进高等院校教师的专业成长和队伍建设水平。近年来，在师生配比方面越来越科学合理，但部分学校还是存在思想政治课岗位吸引力不强、专职高等院校教师不足、队伍建设乏力等现状，这就要求不断优化队伍结构，吸引优秀党员高等院校教师和退休"银发教师"加入高等院校教师队伍，加强引领辐射，探索综合育人、创新协同机制，推进"双带头人"培育工程全覆盖。努力破解高等院校教师队伍建设难题,开创高等院校思想政治理论课教师队伍建设的新局面。

2.完善培养培训体系

引领高等院校思想政治课教师提升专业化水平离不开对高等院校教师的专业培养培训。针对目前高等院校思想政治课教师培训的薄弱现状,首先校党委领导班子要从思想上加以重视,强化校长负责制,完善高等院校思想政治理论课教师培养培训体系,助力全面提升高等院校教师专业素养,创设竞争向上的氛围。在地方政府相关部门的大政方针指导下,依据高校思想政治课教师岗位的专业要求以及高等院校教师存在的短板设计培训项目、开发培训课程、出台培训规定细则。此外,向地方教育局以及高等院校教师发展中心申请培训专项资金,加大对高等院校教师培训的经费保障支持力度。

培训工作必须在提高针对性上下功夫一方面,以刚入职的青年高等院校教师为培训重点。要拟定科学培训方案,扎扎实实抓好业务培训工作,通过制度的约束、奖惩的激励来调动培训对象的主观能动性。培训内容的设置既要突出高等院校思想政治课教学的专业要求,解读当前国家的大政方针和政策文件,分析高等院校思想政治课所具有的学科核心素养的内涵,又要着眼于政治素质、教学技能和职业道德等高等院校思想政治课教师必须具备的专业素养。此外,培训类型要丰富,改变纯理论灌输式的培训方式,将理论培训与实践培训、现场集中培训和线上远程分散培训有机结合起来,更多采用参与互动性强的培训方式以提高培训的实效性,更快地促进高等院校思想政治课教师职业生涯转型。要为思想政治课青年教师快速成长搭建平台,为他们迅速适应岗位工作提供服务。同时,整个培训过程要跟踪督导以保证培训有良好实效。另一方面,也要抓好高等院校思想政治课骨干教师的培养,高等院校骨干教师承担引领队伍方向,制定安排科学培训方案,建立队伍成员"成长工作袋"并监控工作顺利推进等职责,在队伍建设中起着中流砥柱的作用。要为高等院校思想政治理论课骨干教师搭建展示平台,通过创建名师工作室,成立"高等院校骨干教师委员会",负责日常教研、校本研修以及课题研究等任务。与此同时,学校要优先推荐骨干教师参加市级以上各类进修和学术交流,优先安排骨干教师担任地方高等学校师范生校外导师,促使骨干高等院校教师在队伍建设中最大限度地发挥榜样示范引领的作用。

3. 重视相关的评价机制

评价是对教学活动过程及效果所做出的价值判断，具有导向激励和调控反思的多重功能，科学合理的评价导向能够调动高等院校教师的内在动力。健全高等院校思想政治理论课教师队伍的评价体系旨在促进高等院校思想政治课教师职业道德与教学业务水平得以提升。片面地通过量化绩点来评判高等院校思想政治理论课教师，容易抑制高等院校教师发挥思想政治育人价值的功能。建立科学合理的高等院校思想政治理论课教师考核评价体系，才能让教师从"教书匠"这一谋生手段的桎梏中走出来。以往较长时间我们为了便于比较和甄别采用业绩评价，通过自上而下的主要手段给高等院校教师的业绩和能力做出终结性评价，过分追求量化，这种评价主要手段采用统一衡量标准看似公平，实则不然，没有凸显出高等院校思想政治课教师在评价中的主体地位和民主参与的过程，没有认识到教师的个体差异化特点和评价主体多元化的意义。

因此，要制定一种双向的评价制度，既尊重高等院校思想政治理论课教师的劳动成果，也重视教师的未来发展。设计出高等院校思想政治教师认可并全程参与制定的一套新型多元的科学评价体系，突出高等院校思想政治课教师自我评价和反思，形成以教师自评为主，其他主体共同参与的评价方案。这就要求地方教育行政部门和学校评价方要以新课程理念为指导，改变将学生成绩作为唯一的衡量标准，要全过程关注高等院校教师专业的成长，通过多主体多维度评价高等院校思想政治课教师，将学生价值观及德育素质的影响成效作为评价指标之一。

高等院校思想政治课教研组可以创建本组高等院校教师成长记录袋，主要收纳高等院校思想政治课教师的工作总结、教学反思、多维度多主体评价记录、教学绩效、荣誉证书以及科研成果，以便全面客观了解自己的专业成长和职业发展过程。通过成长记录袋的回顾与展示，高等院校教师间相互交流心得，反思自我，有利于高等院校思想政治课教师感受自身专业化的成长。树立对教学的信心，制定更高的目标，追求更完满的教育事业，也有利于凝聚高等院校思想政治理论课教师队伍的向心力。

总之，针对高等院校思想政治理论课教师队伍的评价标准，要在尊重高等院校教师教学规律和教学差异性的前提下，参照地方教育行政部门的客观评价标准和思想政治理论课教师的岗位职责等文件，听取评价对象的自我分析来保证评价标准的科学可行。

（三）政策的落实

1. 党的全面领导是基础

全面坚持党的领导是我国不断深化教育改革并取得成绩的宝贵经验。新时代高等院校思想政治理论课教师队伍建设也只有始终保持党的全面领导才能取得实效性成果。要充分发挥高等院校思想政治理论课教师队伍中党组织的作用，加强对高等院校思想政治理论课教师的政治引领和关爱，引导高等院校教师党员敢于亮出党员名片，立起先进标杆，争当先锋模范，把党建工作融入高等院校教师队伍建设当中。通过搭建"党委高等院校教师工作部""样板党支部"等规范化党建平台，打造党建创新品牌建设。

一方面，校党委领导班子要制定出台高等院校思想政治理论课教师队伍建设的具体方案，如地方教育部门提供的政策支持与经费保障清单，校内宣传、培训、编制、评价激励等落实细则，推动高等院校思想政治课队伍建设内涵式发展。另一方面，要充分发挥党员先锋模范引领作用，校党委领导班子以及党员代表要从思想上对高等院校思想政治课和思想政治理论课教师队伍重视起来。要深入高等院校教师党支部开展巡听督学，要带头走进思想政治课堂以听促教，加快提高高等院校思想政治教师的社会地位和职业认同。最后，要积极动员省内师范院校和地方高等学校马克思主义学院参与合作，推进大中小学思想政治课一体化进程，辐射带动各学段思想政治理论课教师队伍协同壮大。促进资源供给与分享，为高等院校思想政治理论课教师建言献策，提供实践和发展平台。

2. 注重财力投入

充足的经费是高等院校教师队伍建设的物质前提。近年来，教育经费不断提高，多渠道筹集经费机制日趋完善。加大对高等院校思想政治理论课教师队伍建设的经费投入力度，为高等院校教师学术交流、校外培训、社会实践等强化物质保障。为提升高等院校思想政治理论课教师专业化发展和思想政治学科建设的需要，要管好用好地方政府拨下来的专项资金，做到专款专用。

首先，应该健全高等院校教师工资保障机制。以地方公务员工资水平为基数，落实好高等院校教师平均工资收入水平不低于当地公务员的政策要求。此外，政府相关部门要出台学校绩效考核专项管理办法，发放各学校的绩效考核资金，对在思想政治教育领域有突出贡献的优秀高等院校教师发放专项津贴，并按年实行动态调整。

其次，加大高等院校教师培训经费投入，按照地方高等院校教师工资总额的一定比例发放高等院校教师培训经费，主要投入使用到高等院校思想政治教师的岗前培训、骨干提升以及高等院校教师队伍建设方面。同时，发动社会力量筹措资金，与地方高等学校马克思主义学院开展合作，共同提升高等院校思想政治理论课教师的业务本领和师德素养。

再次，提高优质人才待遇水平，对评为省特级高等院校教师、正高级职称校教师以及市级骨干教师等要与引进人才给予同等待遇，确保本地优质教育资源人才留得住、用得好。

最后，要加大经费监管力度，将高等院校思想政治理论课教师队伍建设的经费使用管理情况纳入教育督导范围，建立全校教育经费信息化管理平台，进行即时动态监管，层层压实责任，加大使用绩效信息公开和督查力度。

3. 关注教师的准入与退出

全面推进教育法治建设，能够为深化高等院校教师队伍建设提供有力支撑。高等院校思想政治理论课教师职业地位的提升关键在于专业标准的制定出台，在于提高高等院校教师准入门槛，并探索建立高等院校教师退出机制。

要严把高等院校教师准入关。严格按照高标准审查高等院校教师政治思想、师德师风、专业知识等基本素养，对高等院校教师资格证进行定期认证和考核。近年来，高等院校思想政治理论课教师岗位吸引力逐步增强，学校要切实加强思想政治理论课教师队伍建设，注重高等院校专职教师的合理配备，完善编制保障，吸引高等学校思想政治教育相关专业励志从教的优秀毕业生，为高等院校思想政治理论课教师队伍建设提供坚实的保障。对严重违反校规校纪、成绩不达标的应聘生要着重考虑，同时，进一步扩大学校聘用自主权，畅通优秀高等院校教师引入渠道。

第二，完善高等院校教师退出机制。要求建立高等院校思想政治课教师退出制度，对在教育教学活动中有损党中央权威、违背党的路线方针政策的高等院校教师要按相关要求从严处理，不得在从事教育教学工作。对于高等院校思想政治课教师队伍中政治思想、学术道德和个人品德严重不端的高等院校教师要清除出队伍，严格落实"一票否决"制。对不能胜任高等院校思想政治课教育教学工作、培训考核不达标的高等院校教师，要及时调离教学岗位。高等院校思想政治教师队伍退出机制的完善，"铁饭碗"被打破，倒逼部分一劳永逸的高等院校教师尽职履责，是建设高质量专业化高等院校教师队伍的重要保障。

第四章 高等学校思想政治体系与新环境结合

技术在教育中的价值，是技术与教育之间的一种特定的关系。关注信息技术与教育教学的关系，信息技术在教育教学中的价值，不仅是技术哲学界的使命，也是教育界的使命。信息时代，要想推动高等院校思想政治教育工作更好地开展，就要重视信息教学资源的整合与利用，充分借助大数据优势，不断收集、整理有利于高等思想政治教育的资源，从而优化思想政治教育形式与内容，增强高等思想政治教育的效果。本章主要对信息时代高等思想政治教育体系的建设进行研究与讨论，旨在推动高等学校思想政治育人体系的水平与品质得以更好提升。本章主要从"新环境下高等学校思想政治体系的灵活建设""新时代高等学校思想政治体系建设的实践创新"这两个方面进行了具体的探讨。

第一节 新环境下高等学校思想政治体系的灵活建设

随着互联网深入的发展以及信息传播环境的不断优化，对高等学校的影响呈现逐步加深的态势。机遇与挑战是高等学校思想政治教育工作自始至终所要面对的。

一、信息技术带来的机遇

在信息技术飞速发展的时代，高等院校的学生深受互联网的影响，互联网为在封闭环境的高等院校的学生提供了一个了解外界、感知社会的平台。网络媒体在新闻信息传播、网络舆情引导、社会公共事务等方面发挥着越来越重要的作用。当前，网络育人的优势愈来愈突出，可以运用大数据技术快速了解大学生的知识经验、能力基础和思想状况，根据大数据分析的结果可以更好地因材施教，制定德育知识目标、能力目标和价值引领目标，可以运用大学生喜闻乐见的网络语言通过视频会议或者一对一心理辅导消除沟通壁垒。随着云计算、大数据、区块链等技术的快速发展，网络通信技术也日新月异衍生出众多应用形式。视频会议因具有更直观、更高清、更便捷的特点，已经成为一种常规的跨地域沟通方式，也逐渐成为网络思想政治教育的重要手段。可以说，信息技术逐渐发挥着越来越有影响力的思想政治教育作用，其尊重人性的独特特征、全时空育人的巨大优势可以很好地帮助构建网络意识形态话语权，引导大学生网民的理性追求，促进网络空间的理性回归，激励受教育者更好地履行社会责任，扩大正面影响等。下面进行具体的分析。

（一）途径日益多样化

互联网时代信息涉及范围广泛、涉及内容丰富，通过互联网可以及时高效的整合全球信息、获得所需资料。为此，高等学校的思想政治教育管理工作要表现出敢为人先、奋发有为的精神，紧随时代步伐、人无我有、不断创新教育的方法、教学内容。首先，可利用网络的交互性，创新高等学校思想政治教育管理工作教育教学方法。高等院校教师可以利用社会热点、国计民生开展自由讨论。在教学过程中，通过观察、讨论及时地了解高等院校的学生的思想状况，对于不同问题、做到有的放矢，具体问题提出针对性的意见建议。其次，可利用网络的虚拟性，创新高等学校思想政治教育管理工作者与学生相处的主要手段。传统的教育教学方法，高等院校教师仅仅局限于三尺讲台，与高等院校的学生增加了隔阂、产生了距离，不利于了解当今高等院校的学生的真实想法。如今微信、微博等新型社交平台的出现，学生可以匿名发表自己意见建议，为高等院校教师提供了新的平台去了解学生的所思所想。最后，可利用网络的丰富性，创新高等学校思想政治教育工作的教学内容。可以通过影视资料让高等院校的学生去了解历史，了解思想政教育管理工作的内容；可以通过增加动态图、图文资料等主要手段调动学生学习的积极性。

此外信息化环境下的高校思政课教学工作者要逐步开始尝试用绝大多数采用的现代化教学技术实行多元化的教学手段改革，如多媒体课件教学、移动媒体平台终端教学等。多媒体课件教学，在思政课课堂内时可以以自编自创的讲义为蓝本，通过利用互联网网络教学的丰富资源包括最新的发展形势、图片和案例等丰富的音像资料来充实理论性知识、抽象的概念和乏味的资料以丰富思政课教学的内容。根据教学目的，把教学内容所波及的事物以形声统一、试听并用的形式形象的展示出来。

（二）促使资源得以丰富

计算机网络时代改变了传统的信息传播方式，四大传统媒体与现代互联网交融，形成了崭新的信息交互平台。互联网传播不受时间地点的限制，可以实时更新、实地传播，具有便捷性与广泛性，使高等院校学生的学习内容不用拘泥于学校课程，学习地点不局限于学校。学生通过计算机互联网可以实时了解到国内外时事、了解到社会人情。思想政治教育工作者在接收先进的思想熏陶、正确的价值指引的时候，可以将自己的所思所想及时地传递给学生，同时还可以给予其他教育工作者新的思想碰撞，引导正确的价值取向。所以思想政治教育工作者既需要把传统的教育教学方法发挥到极致，也需要合理运用现代计算机互联网技术，增强思想政治教育管理工作的时效性。

计算机网络时代，信息的传播从教师对学生的单向传播转为全方位立体传播。高等院校的思想政治教育管理工作者，在理解互联网时代的要求、利弊后，可以建立学校思想政治教育公开平台、建立意见反馈匿名邮箱、开通校园思想政治教育微博，迎合时代趋势，改变传统信息传播方式。

与此同时，由于网络具有虚拟性，高等院校的学生可以无压力加入，提升参与积极性。网络时代学生都有合理表达自我的诉求跟搜索所需信息的权利，学生通过网络与传播者有问有答，增加了搜索信息与发布信息的趣味性，调动了学生的参与意识。高等学校应该充分利用网络改变传统思想政治教育管理工作的教育方式，以学生为主体，不断提升学生的主动性和创造性。同时，高等学校需要思考思想政治教育管理工作的目的是什么，是提升学生的思想道德修养，学校应充分应用网络将教育的主观愿望与学生的客观实际相结合，影响学生的主观意志，进而使学生生成有利于社会主义文明建设的行为。学生广泛地参与互联网时代的思想政治教育管理工作，有自主性，更容易使学生道德内化，以严格的道德标准要求自己。

（三）提供了大数据的优势

随着信息技术的不断发展，推动了大数据时代的来临。在大数据的支持下，要想推动高等院校思想政治教育工作更好地开展，就要重视网络教学资源的整合与利用，充分借助大数据优势，不断收集、整理有利于高等思想政治教育的资源，从而优化思想政治教育形式与内容，增强高等思想政治教育的效果。

随着互联网信息科技的不断发展，大数据技术的应用范围逐渐扩大，并获得很好的成效。高等院校在开展一系列思想政治教育工作时，面对当前思想政治教育实际情况与现状，要强化对大数据时代下网络教育资源的整合，将网络中更加先进、有趣且丰富的思想政治教育案例融入思想政治教育的内容与活动中，更易于增强教学的实效性与趣味性。与此同时，高等院校对于其组织的思想政治教育教学课程资源的整合应予以充分关注与重视。

在信息时代，尽管网络中有着丰富的信息与资源，但事实上都有一定的时效性。高等院校教师在整合网络思想政治教育资源时，要重视网络教育资源的时效性，对那些过时或者没有利用价值的信息要及时更新或者替代，将更具思想政治教育价值的信息丰富到高等院校思想政治教育课程当中，提升思想政治教育内容的实效性与科学性。与此同时，加强对信息资源的筛选与辨别。高等院校教师要对网络中一些色情、暴力等不良信息进行有效筛选与规避，将一些积极、正向的信息应用到思想政治教育内容当中。并且，定期对信息进行更新与监督，一旦有不良思潮或者信息资源存在，要立即进行清除。此外，高等院校教师也要重视对学生正确价值观的引导，教会学生辨别优劣教学资源或者信息，并使其学会抵制和排除错误的网络观念和思想，帮助学生树立积极、正确的价值理念与道德观念，促进他们更好地发展。

由此可见，面对不断发展的大数据时代，高等院校在培养优秀人才时，要重视思想政治教育工作的全面开展。高等院校在进行思想政治教育过程中会遇到教育内容匮乏、教育主要手段单一、教育模式落后等问题，这就要求高等院校教师要养成借助大数据技术，充分挖掘与利用网络中优势资源与信息，强化对信息的筛选、辨别、整合与利用，将其纳入现有的思想政治教育内容中，从思想、行为、道德品质等方面对学生实施教育，引导高等院校学生树立正确的价值理念与道德素养。

（四）新方法层出不穷

在网络的熏陶下，多数学生习惯于利用网络表达自己的想法，利用网络获取知识，这也产生新的思想政治教育方面的问题，如网络资源丰富、实用信息选取困难，对网络产生依赖，学习质量下降，等等。学校在充分利用网络优点的同时，积极的思考此类问题出现的原因以及解决的方案，这样既可以拉近与学生的距离，抓住切实需求，又可以为思想政治教育提供新的方法。

传统的思想政治教育活动形式主要是通过歌唱比赛、演讲比赛、辩论比赛等文学艺术形式加以表现。网络信息时代使得这种单一的表现形式得到丰富。随着微博、微信等自媒体的兴起，每个人都可以将信息发布，每个人都可以表露自己心声、坦诚自己想法。高等院校的学生可以发表自己关于某个社会热点问题的看法，其他同学可以质疑、可以支持，同时还可以一起在互联网讨论。对于好的、积极的行为通过朋友圈记录，对于能看到的朋友来说是一个学习的机会。高等学校可以开展一个人气王、评论王大赛，对于人气高的、有教育意义的博主给予奖励，调动同学参与积极性，用这种潜移默化的方式教育学生。

二、信息技术带来的挑战

信息技术为高等学校思想政治工作提供了新的途径与方法的同时，也因其开放性、匿名性和平等性等特征给思想政治教育工作开展带来一些不利影响。

（一）冲击教育管理工作者的地位

网络信息具有及时性的特征，由于我国的思想政治工作基础理论已经基本完成，思想政治教育管理工作者往往会认为思想政治教育管理工作方式固定、内容稳定。思想政治工作理论具有社会实践性，它跟随时代脚步共同进步，高等学校的教师应当突破这种思想僵局，不断更新理论，适应时代发展。教师应在课余时间多关注当代学生所思所想，用他们的视角、他们的语言去审视信息时代高校思想政治教育新问题，让理论来源于学生生活并服务于学生生活。

同时，角色转换不适应也是一个问题。"互联网+"为教育主客体平等关系的塑造创造了条件，但也给教育者带来了巨大挑战。一方面，高等院校教师的权威性面临挑战，大学生和高等院校教师实时接收互联网信息，高等院校教师在传统教学时代可以提前备课、提前掌握资料的情况受到挑战。大学生已经成年，他们往往对突发事件有浓厚的兴趣，喜欢在网上关注其最新动态，获取了一手的讯息后又往往表现出不满足的态度，于是，他们会在现实空间里与舍友、同学等探讨、交流、沟通、碰撞，对突发事件、热点新闻等形成较深入的认识，印发更深刻的思考，在此基础上再向老师发问，渴望得到老师的专业解答，这种积极探索的学习导致高校思政课高等院校教师的权威在一定程度上减弱，高等院校教师的知识架构和应急能力受到较大挑战。

而且，相关工作者的工作压力可能会增大。互联网时代的高校思想政治教育，早已突破了固有的45分钟界限，而变成了全天候的思想回应，解惑释疑。高等院校教师的工作变得更加细化和复杂。在备课内容上，传统课堂时代，高等院校教师的备课主要是备知识，而互联网时代备课除了备知识，高等院校教师还需要投入更多的精力去预测和前瞻各种可能，还要随时随地在"网上"和"网下"解答大学生的困惑，如果一味地不去关注和理睬，任由其滞延，可能会带来严重的后果。这样，就会占用老师大量的精力。在教学手段上，高等院校教师要及时地掌握各种最新的功能并有效利用，这也是对高等院校教师的巨大考验。以疫情防控期间的线上上课为例，高等院校教师要提前建立微信群、QQ群等和学生形成互动，还要在钉钉、腾讯会议、腾讯课堂、雨课堂、超星学习通等一些平台建构课程，对高等院校老教师的用网能力是一种考验。

（二）传统思政教育方法受到冲击

网络时代，人们的交流方式有了很大的变化。电话发明之前，人们是通过书信的方式交流，有了电话之后，其逐渐取代书信，成为新的主要的交流工具，然而随着微博微信等即时聊天软件的出现，人们可以看到对方细微表情和声音的变化。思想政治教育工作同样变化发生着。传统的教育方式主要以老师的说教为主，学生与老师的交流和沟通存在一定的困难。而网络的出现就拓展了学生的知识面，由于网络具有共享性，老师在课堂分享某条信息的时候，学生可能更能了解事情的原委始末，比老师更有话语权。

高等院校的学生处于青春期，对新鲜事物的好奇是这个年龄段该有的特征。高等学校的思想政治教育管理工作要时刻保持新鲜，多与时政新闻挂钩、多与热点事件联系，保持授课内容新鲜、新颖，使学生自发产生学习的兴趣与冲动。为此，保持思想政治教育管理工作内容的新颖性，成为多数高校教育工作者所要讨论的重要课题。

（三）思政育人的内容和环境复杂化

信息技术和网络改变了高等院校的学生的主要思考方式与主要行为方式，当他们在现实生活中遇到问题与挑战的时候，部分高等院校的学生会选择沉迷于网络逃避现实。长此以往，这类学生人际沟通越来越少，甚至走向自闭。网络仅仅是一个工具，是使我们更好地与人交流的平台，不能因为自己的自我管控能力低导致本末倒置。思想政治教育是双向的，教育者与学生要互动起来，经过思想的碰撞，才可使思想政治教育取得丰硕成果，并运用于实际形成良性循环。如果学生一味沉迷网络，厌倦学习，不仅对自己的人生不负责，更会增加思想政治教育管理工作的难度。

十八大以来，习近平总书记多次谈及互联网的重要性，2015年12月16日，习近平总书记在浙江省乌镇视察"互联网之光"博览会时指出：互联网是20世纪最具伟大的发明之一，给人们的生产生活带来巨大变化，对很多领域的创新发展起到很强带动作用①。同日，在第二届世界互联网大会浙江省乌镇开幕式上，习近平总书记在主旨演讲中提到"实施网络强国战略、'互联网+'行动计划。"习近平总书记关于互联网发展的重要思想，成为推动互联网与经济社会各方面深度融合发展的重要指引思想，在这样的背景下，我国高等学校意识形态教育也探索实践了"互联网+"教育②。

但事实上"互联网+"教育作为一种伴随着互联网发展而出现的新教育模式并未改变教育的本质，它只是教育模式的革新，这种革新，一方面，随之而来的是其作为新生事物对教育发展所具有的积极效应，同时，问题也纷至沓来，总的来说，"互联网+"教育对我国高等学校意识形态教育的挑战，以及本身可能带来的问题，具体如下。

第一，传统课堂转型出现阶段性"真空期"。教育模式的革新和转型发展使得高等学校意识形态教育的相关参与主体会出现转型期特有的无所适从，那么，在这个无所适从期，教育能否高效开展得打上问号。

第二，围绕传统课堂打造的一整套教育服务、管理系统意味着逐渐失去市场，而新的适配"互联网+"教育模式的服务管理系统的建立及完善尚需时日，这也是教育能否正常开展的问题。

第三，"互联网+"教育对高等院校教师提出的要求与高等院校教师已有的根深蒂固的教育模式与能力不匹配之间的矛盾。无论教育模式如何更新，高等院校教师都始终承担着对知识的系统传授、教育模式和方法的践行的主体角色，但事实上，"互联网+"教育模式作为一种新的教育模式，它的推行会不可避免地遇到这样的阻力，从已有的专职高等院校教师配备来看，35岁及以上年龄的高等院校教师仍然是公共思想政治理论课教育的主力军，他们在公共思想政治理论课教育的课堂上经过不计其数的教育实践，在心里已经形成一整套关于传统课堂教学的经验，且这种经验作为其执教生涯的专研累积其认为是有效可行的，这样，部分高等院校教师便会对"互联网+"教育存在抵触心理，在教学中坚持自己在传统课堂里累积起来的那一套教学方法，就算是迫于改革压力，他们仍然会只是在形式上做一下践行"互联网+"教育的样子。另一种情况是，"互联网+"教育具有一定的技能要求，从课件制作到课程讲授，都需要掌握相应的互联网、APP、终端操作技能，而这些要求对于部分年龄较大的高等院校教师来说，由于

---

① 习近平总书记在浙江省乌镇视察"互联网之光"博览会时的讲话．
② 习近平在第二届世界互联网大会开幕式上的讲话．

他们在适学年龄段这些技能学习的缺失（那时候是根本没有"互联网+"），导致他们不能胜任"互联网+"教育的相关技能要求，这无疑会影响教育的有序、有效开展。

第四，"互联网+"教育所造成的知识碎片化问题以及对学生自觉性的考验。以慕课为例，慕课录制通常围绕某个知识点并脱离特有的教学场域进行，如此一来，系统的教育知识点被慕课小视屏分割为支离破碎的点，加之这一过程中学生是脱离高等院校教师有效监督的，学生会认真去学习每一个视频吗？从实际来看，部分学生自制力差、自觉性不够，在这种可自由支配的时间里都会去做一些自己喜欢的事情。譬如，上网、沉迷游戏，还有部分同学则分心从事其他事情，这样，连一些自觉学习的学生也会受到这种不良风气的影响，可见，这样的教育能够达到教育目标吗？显然不能。

同时，互联网还会成为敌对势力进行意识形态渗透的前沿阵地，有的人甚至崇拜西方的意识形态和社会制度，成为"西化"的俘虏和仆从。"互联网+"背景下高等学校意识形态教育安全存在威胁，即西方敌对势力把意识形态渗透的重点转向互联网，进而对高等学校意识形态教育安全造成外部冲击。一是西方价值观念的渗透：西方大国垄断话语权，消解政治认同；西方通过各种思潮传播冲击主流意识形态。二是网络文化的挑战：网络文化产品入侵，侵蚀国家主流文化；网络偶像崇拜主义盛行，影响价值选择与判断；网络流行语、网络表情包疯传，淡化核心价值观念。三是舆论负能量的冲击：舆论谣言的扩散，动摇政治信仰；舆论暴力的产生，削弱共同思想政治基础。从实际来看，这些综合因素在我国培养了一些"工具人社会公知"，这群人皆为崇洋媚外者，具有浓厚的工具人属性，打着学术自由的幌子，成为西方意识形态价值观的传播者，他们的言论由于具有一定的关注度，必然会产生一些消极影响。

（四）学生主体方面的变化

1. 心理问题加深

一方面，青年大学生每天花大量时间沉迷网络，热衷"人机交往"，而疏远现实的社交活动，甚至有一些大学生将网络作为其精神寄托，沉溺于网络社交而排斥正常的人际交往活动，造成其现实人际关系障碍。长期的心理空间封闭最终会导致其处理人际关系的能力退化以及人际关系冷漠以及性格脾气孤僻以及意志萎靡消沉。特别是有些性格内向的大学生，在现实生活中不善沟通故而将其对人际交往的需求转嫁到互联网中，容易被不法分子利用，陷入网络诈骗、传销、色情等网络犯罪中，极大伤害身心健康。另一方面，由于政府、学校等对网络监管不到位，虚假恶俗、粗制滥造的信息充斥在网络空间，加大了大学生对有价值信息的筛选困难。尤其是大学生的世界观、人生观、价值观还未成熟，理性思考能力、客观评价能力、价值选择能力和自我控制能力不强，面对繁杂的信息，往往不知所措、迷茫困惑，易产生心理焦虑。特别是面对网上色情、暴力信息等轮番冲击，其身心健康易受负面影响，如果不加以及时疏导，会造成非常严重的后果。

2. 道德观念薄弱

现实生活中，大学生受到道德和法律规范的制约，会自觉控制自己的言行，但网络上的交流主要是通过代号进行的，主体的身份具有隐匿的特点，削弱了道德和法律对大学生言行举止的约束。由于大学生的自我约束力较差、道德自律意识不强以及网络本身的弱规范性，带来了一些道德失范现象。有些大学生在网上呈现出和现实中截然相反的两副面孔，借助网络工具发泄不满、消除责任、摆脱约束，在网上粗言粗语、言论偏激、放纵不羁。有些大学生扮演起"键盘侠"的角色，总是认为无须对网上的言论承担责任，传播谣言、煽动民众。甚至有些大学生凭借自己的专业技能，将传播色情信息、侵犯知识产权、盗用账号密码、制传网络病毒和黑客骚扰破坏等当作对自我智力的一种挑战。这就呼唤大学生自律性的提高，以维系网络空间的正常秩序。要求他们增强慎辩、慎诚、慎微、慎隐、慎言、慎行的能力，达到儒家所提倡的以高度自律为本质特征的"慎独"境界。

3. 过度沉迷网络

网络的触角已深入大学生的生活、学习、文娱、交友、求职等方方面面。在实际应用中，大部分大学生并没有充分发挥网络的学习属性，而更多的是利用网络进行休闲娱乐，具有明显的娱乐化倾向。世界观、人生观、价值观尚未完全成熟稳定的大学生特别容易被网络的自由性和放纵性吸引，多数大学生网络行为管理能力较差，遨游网络空间，缺乏时间观念，甚至有些大学生沉迷网络不能自拔，出现网络成瘾现象。特别是伴随着移动费用的降低和手机上网的普及，一批大学生机不离手，成为"低头族"，出现了人被网络奴役的"异化"现象。

（五）新媒体教学带来的震荡

传统高等学校意识形态教育，主要是通过"第一课堂"与"第二课堂"相结合的线下方式展开，这种方式具有单向性、具象化、封闭性、权威性特征。单向性即教学过程的单向度开展，高等院校教师把控教学过程，从源头上确保教育内容的"正确性",而学生只是接受高等院校教师的教授而充当"学"的角色;具象化是指教学过程的开展是在具体的场所和时间内,师生共处于同一场域,在这样的教学环境中,高等院校教师能够适时对学生起到监督作用,促使教学活动有序开展;封闭性是指由于是线下教育,很少受到来自课堂以外的消极因素影响,进而能够保证教育知识的极高认同度;权威性是指由于线下教育师生同处一个教学环境中,高等院校教师对教学过程所发挥的主导性而形成的威信,基于这种威信,高等院校教师通常能够对教学开展和教学效果实现做到游刃有余。基于传统高等学校意识形态教育的这几个特征的分析,能够清晰地发现:在传统高等学校意识形态教育过程中,由于单向性、具象化、封闭性、权威性等特征共同使然,使得高等学校意识形态教育最大限度地规避了课堂外消极因素的影响,同时使得课堂更易于把控,这些都有利于教学的有序开展和目标的达成。

然而,新时期,随着互联网的发展,新媒体化正在成为高等学校意识形态教育的发展趋势,新媒体由于其具有的双向性、抽象化、渗透性特征,挑战着传统高等学校意识形态教育所具有的单向性、具象化、封闭性、权威性特征,使得传统高等学校意识形态教育对新媒体教学模式出现不适应的情况,这种不适应表现为新媒体教学模式对传统高等学校意识形态教育所造成的冲击和挑战。比如,新媒体平台由于言论发表过于自由、存在监管漏洞以及一些不法分子散布谣言等原因,充斥着片面狭隘以及歪曲违背事实的言论和观点,诱使青年学生在其思想意识以及信仰快速形成时期误入歧途。对于新媒体带来的挑战,我们可以从以下几个方面来具体分析。

第一,新媒体的传播机制所构成的高等学校主流意识形态话语权分散。在传统高等学校意识形态教育下,由于相关部门、高等院校专职教师牢牢掌控意识形态教育主导权,且相对封闭的教学环境保证了相关部门及高等院校专职教师对主流意识形态教育的话语权,但事实上,新媒体的传播机制改变了这种现状,新媒体由于各种终端与社会甚至"域外"相连,一方面,打破了原有的封闭环境,同时,通过网络及各种终端,其他非主流意识形态、域外意识形态、各种思潮进入学生的视野,原本单一的教学内容变得"多元化",这不仅加大了教育的难度,同时,异质性教育内容的影响,也分散了高等学校主流意识形态教育的话语权,而有效的应对策略显然尚需时日。

第二,新媒体的互动性、抽象化对传统高等学校意识形态教育封闭性的挑战。新媒体下,将微信、QQ、微博、各种浏览器等APP作为工教学辅助具,改变了传统教育单向、封闭、具象的特征,新媒体之下,互动、抽象是其显著的特征,教学不再局限于特定的时间和场域，师生不用面对面就可以实现同时互动，在这里，实现了对学生身份的解放。那么，新媒体教育下，教育的可控性难度明显加大，内容上，教育受到多种意识形态、思潮、理论的冲击，关系上，形成于传统课堂的师生关系及特征遭到破坏，教学效果上，由原本的可控趋向于难以可控。

第三，部分微视频内涵的低俗性侵蚀大学生的思想。如今微视频红到大江南北，无论你身处何方，那一声声魔性的笑总能让你惊慌失措。快节奏的时代，人们更喜欢那短短十几秒"搞笑"的视频。但这种"搞笑"正在逐渐侵蚀人们的思想，尤其是大学生的思想。这些视频大部分没有任何的营养，纯粹以傻来博人一笑，这种风气如果不加以制止，会使大学生的价值观产生畸变，误认为此类行为才是潮流。同时，如果整天沉迷于这种低俗视频，整天活在这样的氛围里，何谈爱国。

第四，大学生本身易被错误诱导。尽管新时代下青年大学生在法律范畴上已具有独立的民事行为能力，但青年大学生群体还未踏入社会，认知能力和识别能力并未完全成熟，其人生观和价值观较易受到不同言论的冲击。在面对新媒体中真伪难辨的言论时，新时代大学生未接触复杂的社会和形成坚定良好的价值观以及缺乏辩证思考能力，无法理性地思考和分辨信息的可靠性。这造成青年大学生思想容易被诱导，形成极端的爱国主义或错误的思想认知。另外，极端爱国主义和民粹主义的行为会破坏社会稳定，由于新媒体的传播能力和大学生动摇的心理认知，使得反动势力乘虚而入加以利用，扰乱国家正常秩序。

第五，新媒体的渗透性对传统高等学校意识形态教育安全提出的新要求。高等学校意识形态教育应该如何筑牢安全防护墙将直接关系意识形态教育能否顺利开展以及教育目标的达成。很显然，加强传统高等学校意识形态教育、加强主流意识形态教育的方法在新媒体模式下虽然仍具有重要作用，除此之外，更应该从源头上把控安全，即从加强新媒体的管理和使用入手，把好源头的关，杜绝污染源，而后其他的努力才具有现实意义。然而，建立健全对新媒体的长效管理机制是一个过程，需要不断探索和完善。

第六，新媒体的开放共享隐蔽性。随着信息技术革命和新型工业化进程的推进，手机等智能终端设备逐渐普及全民。只需要一个智能终端连接互联网，就可以随时随地登录媒体随意发布信息。而且大部分社交平台等新媒体都具有匿名分享和发表言论的功能，即新媒体隐匿性。这一特性极大降低新媒体平台使用者发表言论的现实成本和心理成本，一些使用者在传播和发表有关爱国主义信息、讲述国家和民族历史时存在或大或小地歪曲事实的现象。此外，一部分极端激进爱国主义、民粹主义的言论同样在抖音、微信公众号等新媒体平台大行其道。这一问题与国家对新媒体及其平台使用者行为规范的法律法规有所缺失、监管治理的现实困难有关。因此，基于新媒体的隐蔽性、监管和治理的现实难度以及相关法律法规的缺失等原因，新媒体平台的网民发布虚假信息所需承担的心理成本和法律成本很低，阻碍新时代高校青年爱国主义教育的积极发展。

如上所述，传统教育模式已不再适用于当下的环境，难以匹配新媒体教育模式的冲击和挑战，或者这样说，在这一教育模式的转型期，所带来的问题成为当前高等学校意识形态教育存在问题的重要原因，要具有针对性的解决转型期存在的问题和挑战，才能保证高等学校意识形态教育的顺利开展。

（六）大数据的运用存在问题

近些年，在网络科技快速发展的大环境下，大数据的应用价值愈发凸显出来。在高等思想政治教育工作中，重视并强化网络教学资源的整合，能够更好地丰富高等思政教育内容，同时加强网络思想政治教育资源的筛选、挖掘与整合，有利于创新思想政治教育新模式、新方法与新路径，增强高等院校思想政治教育的品质与水平。此外，借助大数据技术进行网络教学资源共享平台的建立与完善，能为高等学生提供更多机会和空间去学习与探究思想政治教育知识、掌握国家的时事政治与要点，培养与塑造高等院校学生良好的道德素养与思想政治教育品质。

当前，很多高等院校在开展思想政治教育活动时，没有对大数据应用予以充分重视，对于网络教育资源缺乏必要的挖掘与整合。而思想政治教育的内容与形式过于单一和乏味，使得高等思想政治教育效果并不理想。在高等院校传统的思想政治教育工作中，很多高等院校教师的教育思路与模式比较单一与传统，学生的能动性与学习、探索知识的积极性不易被调动起来，使得学生缺乏一定的动力与激情去学习与探究知识，影响思想政治教育水平的提升。同时，一些高等院校教师的思想政治教育模式也比较机械化，缺乏灵活驾驭信息技术、大数据技术来辅助思想政治教育的意识与能力，很多高等院校也没有重视对高等院校教师展开针对性的培训活动，不利于提升高等院校思想政治教育教师的思想政治教育育人水平，制约了高等院校思想政治教育教学工作的更好开展。

此外，在高等院校思想政治教育环节中，很多高等院校教师没有对网络教育资源的整合予以充分关注与重视，对互联网教学技术的应用也缺乏一定的主动性与创造性，使高等院校思想政治教育内容缺乏色彩与灵性，影响思想政治教育工作的高效开展与进行。并且，一些高等院校教师教学思路古板、理念单一，对网络教育的挖掘与整合缺乏一定认知，对大数据时代缺乏一定了解，对网络中丰富的思想政治教育资源也缺乏很好的认可度与利用率，导致网络教育资源整合度不高。此外，虽然网络教育资源非常丰富，但事实上高等院校教师在挖掘与整合网络思想政治教育资源时，缺乏一定的针对性与全面性，很多教育资源整合的深度不够、程度不高，没有更好、更完善地辅助高等院校思想政治教育工作深入开展。

在大数据时代，数据资源数量巨大、内容丰富，如果单纯应用普通的数据挖掘、获取与整合软件或者技术，效率较为低下。而且，在挖掘网络教育资源的同时会有一些暴力、色情以及迷信等负面信息或者资料存在，对高等学生的思维产生不良影响，也不利于高等学生正确价值观的树立。而很多高等院校教师在资源整合过程中会有一些不良信息没有及时、准确地筛选出来，容易给思政教育增加难度。因此，加强高等院校教师对资源的精准筛选与整合，能够推动思想政治教育工作更好地进行。

第二节　新时代高等学校思想政治体系建设的实践创新

随着信息技术革命的快速推进，大数据、自动化、云计算、人工智能等技术深刻影响国家社会状况、经济发展、思想文化等方方面面，尤其是极大地改变青年的价值观、人生观和世界观。

一、构建适应网络时代的思想政治教育管理模式

（一）管理机制与时俱进

科学的管理机制，最重要的是与时俱进，将时代的发展特征与领导机制和管理机制相结合，探索出一个合理的、科学的办法。最初的建立应当由校方领导和相关部门负责人牵头领导组织，站在宏观的角度对高等学校的思想政治教育管理模式进行统计分析，规划好各方面的管理职责，划清权责，并要求各个部门之间要相互联系，互相配合完成工作。之后，从系部入手，安排监督人员管理网络，监控和管理各系的网络言论，发动学生党员、学生干部，深入到学生群体中，收集相关信息和意见建议等。在队伍管理机制方面，讲求目标观念，以完成目标为主要任务，扎实工作，对高等院校教师严格进行考核。在管理主要手段上，使用多方面综合考核的方法，不仅要制定相关政策、考核制度，还要采用自我总结和自我反思、代表投票、量化评比、综合考察等方式。而且这样的考核方式还会纳

入先进教育工作者的评优、晋升、奖金的发放考量中，作为参考依据。这样会极大地激励思想政治教育工作者的工作积极性，也能推进了思想政治教育的发展空间。除此之外，网络环境下的思政教育观念也应当有所转变，紧跟时代潮流，继续创新和发展。思想政治教育管理网络化是思政教育管理工作适应新技术的必然要求，建立适应网络时代特点的思想政治教育管理机制有利于高等学校的和谐稳定和思想政治教育目标的终极实现。

（二）以思想理论为指导

网络时代下的思想政治教育管理是一个新的机遇，也是一个新的挑战，思想政治教育管理迫切地需要思想理论为指导。在这方面的开展下，应当由三个方面的人员组成，这三方面的人员既是核心又是组成部分，分别是网络技术管理人员、思想政治教育管理工作者和理论工作者。这三类人员，都应该从各自的职能出发，积极向着"适应时代网络特点的思想政治教育管理"而迈进、靠拢。传统的思想政治教育管理工作以"防、堵、管"为主要实施手段，理论研究的指导作用弱，传统思想政治教育理论的发展远远落后于时代的发展。因此，在研究过程中，要充分考虑到学生学习的各个阶段，充分将思想品质教育贯穿于每一个阶段。将社会道德、责任感、法制和行为规范等一并列入其中。社会舆论问题是一个极难控制的问题，只有从根本上提升公民的个人素质水平，才能建设一个和谐、文明的网络环境。网络时代下，思政教育管理理论的研究一个重要的功能就是要把握网络舆论的发展规律，研究如何科学引导、解决矛盾、理顺情绪的方法，要提前做好不良舆论的应对措施。我们要充分认识到网络时代思想教育管理工作进行理论研究的重要意义，认真分析网络时代高等学校思想政治教育管理工作的特点和规律，不断探索、不断开拓新的路径和新的方法。在理论上把握好思想政治教育的方向，才能有利于高等学校思想政治教育管理工作的开展，为思想政治教育工作源源不断地提供理论指导，实现培育社会主义时代新人的目标。

（三）落实经费保障

经费保障是网络时代开展思想政治教育工作所必需的条件。高等学校的经费要保证专款专用，严禁挪用。高等学校要明确设立学生思想政治教育管理工作方面的投入科目，确定合理的投入额度，列入预算，按时调拨。关于思想政治教育经费问题主要是由两部分组成，一部分是对思想政治教育管理网络基础设施的日常投入，主要体现在学生假期实践活动、思想教育活动、心理咨询等以及一些网络基础设备的支出。二是对思想政治学科的建设经费支出。国家大力支持高等学校的发展，高等学校也应当以此为契机，充分改善物质条件和教育条件，积极地为学生开展思想政治教育。在思想政治教育管理工作中，要对各种教学设施，如计算机、多媒体、活动器材及场所，进行改善，达到最优。做到这样，才能更好地取得有效的成果。

（四）加强工作队伍建设

提高思想政治教育工作者的"互联网+"应用水平，建设教育管理工作队伍是重中之重。高等院校教师队伍的进入门槛就是能够娴熟运用网络技能，设置高等院校教师队伍的初衷就是使高等院校教师教书育人的功能得到最大程度的体现，而这一目标必须要通过提升高等院校教师运用网络技能的水平得以实现。因此，高校在强化高等院校教师网络技能运用能力方面要多作尝试和创新，在教学领域尚未被网络覆盖的年代，高等院校教师仅有的专业水平和职能技能应付传统教学活动绰绰有余，所以当时并未体现出改善高等院校教师职业技能的必要性。

自从网络成了社会发展的一部分后，教育领域也感受到了"互联网+"的驱动功能，教学活动的开展对网络的依赖性也不断提升，网络平台能够以影像资料这种直观且形象的方式再现思想政治教育的基本概念、内涵，而且方式新颖，不仅可以达到预期的教学效果，还能保持学生注意力，也正是因为如此，"互联网+"教学模式才会迅速传播，得到广泛应用。然而个别教龄比较长的高等院校教师却思想守旧、落后，不愿意接触"互联网+"教学模式，所以即便其教学经验再丰富也无法达到预期的教学效果。针对此种现象，高等院校教师特别是教龄比较长的高等院校教师应该积极反思，准确把握社会趋势，主动接触和了解新事物，比如尽快掌握计算机基本操作方法，教学中引入信息化设备和软件，早日熟练运用"互联网+"模式开展教学活动。当理论内容有所更新时，要第一时间加以研究，若仅凭自己现有知识和技能无法驾驭新的内容时，要学会利用互联网的方式搜集资料、数据，提炼有用的信息，使自身的专业理论水平得以提升。当然这些目标的达成都离不开高校的支持与帮助，高校应该为教师学习新教学知识和技能提供平台和条件，使各个层次的高等院校教师都能实现个人进步。具体来说，应该从以下几方面出发。

1. 提升人员技术水平

要充分了解学生的思想发展趋势，就要跟上学生的潮流，站在学生的角度去考虑一些问题，紧跟时代发展的道路，与学生的思想接轨，以便于准确有效的处理学生之间的事情，进而提高管理能力，准确地干预、指导。除此以外，还要提升高等院校教师队伍与时俱进的能力，尽可能多的接触网络技术，引进一些网络技能人员，提供一些技术支持。面对复杂的网络环境，要正确地引导舆论，武装好思想，抵制不良信息的传播，尤其是在一些紧要关头，在关乎国家利益、民族形象的时刻，更要保证学生的思想行为符合社会规范，避免被不法分子所利用，在网络时代发展的同时，要注意网络的安全性，可以采取一些必要的措施对网络信息进行筛选和实时监控，防止黑客入侵，及时更新和进行漏洞的修补。

2. 加强网络信息鉴别能力

在网络上，存在着各种各样的信息，内容十分丰富，当然也会存在一些恶俗的不良信息，有的学生明辨是非的能力较弱，不能准确地分析网上的一些信息，极其容易遭受不良信息的侵害，从这点上来看，就需要思想政治教育管理者必须具备高素质的修养和能力，能够对网上的各种信息进行分析辨别。而对于思想政治教育管理人员来说，更应加强自己的品德修养，认真学习马克思主义，不断提升自己的水平，从自身做起，注意自身的道德素质问题，学习优秀的传统文化，借鉴历史，以史为鉴，提升自己的各方面素质和能力。除此以外，思想政治教育管理工作者还要加强网络法规学习，增强对网络道德标准的理解。

3. 完善网络培训机制

网络时代，网络技术培训应符合新的时代特征，高等学校管理者要完善网络培训机制，既包括校内的、常规进行的培训活动、研讨活动，也包括社会有关组织发起的专项培训。培训的内容要与时俱进，要考虑学生的特殊性，在培训的时候，还要加入思想政治教育管理主要手段怎样才能更符合学生需求的相关内容。

在培训内容方面，第一是加强网络语境下思想政治教育管理观念的培训。转变思想政治教育管理者的传统观念，有目的地提升这支高等院校教师队伍的素养。同时，要把提高思想政治教育管理工作者的素养这一重要的培训方针政策纳入党委的日常工作中。第二是网络信息素质的培训。网络时代思想政治教育工作者要了解网络发展和懂得使用网络。首先要明白网络安全法律知识和网络的基本功能。思想政治教育管理者要提高自己的网络素养，对新时期提出的新目标要认真完成，充分履行自己的工作职责。其次就是要学会运用网络软件，网络软件也是各式各样的，一定要经过专业的培训，了解相关软件的使用。最后就是要注意网络语言的使用和沟通交流，网络沟通与现实中面对面的沟通有不同之处，所以更需要思想政治教育管理者转变传统观念，与时代接轨，主动融入网络群体沟通交流之中。第三是综合素质的培训，思想政治教育工作者不仅要了解人文、社科等方面的知识，还要有辩证思维和团队合作精神等。为了应对网络时代的工作要求，高等学校在培训执行过程中，要突出自身的特色，通过多种形式，提高思想政治教育管理工作者的综合素质。

4. 优化工作队伍结构

网络时代的思想政治教育管理工作需要人才的扶持。人才的整体水平直接决定着思想政治教育管理工作的水平。对高校思想政治教育管理人才结构进行优化组合，可以满足网络时代思政教育管理人才的需求。优化高等学校的思想政治教育管理工作队伍可以从以下三点进行。一是学校党支部、网络中心、各级学生干部要总体把控局面，负责管理工作，各部门之间互相帮助、互相联系，针对同学们提出的问题及时反馈和解决。学校领导对网络宣传教育要重视起来，建立领导班子，共同分析局势的走向和一些重大问题的解决办法，对学校网络的建设和更新进行维护和管理。各系也要增强网络宣传教育意识，积极配合学校做好网络内容的充实和更新工作，加大网上宣传力度和学校各项工作的透明度，实现公开与透明。二是各个系部也要认真贯彻落实上传下达的任务，积极宣传健康网络知识，配合好领导班子的检查工作，还要对本系部的学生思想、学生行为、学生建议等加以掌握，积极与学生沟通，了解学生的近期状态。三是对学生党员、学生干部等进行培训，让他们积极地协助老师进行网络的监控与管理，例如可以成立专门的网络技术小组，可以为校方提供技术支持，对学校的电子海报进行日常更新，对网站进行维护。并让他们在学生群体中做好示范性的作用。

二、采取适应网络的创新教育方法

网络的兴起催生了时代的进步，要求让我们用新的思维去运作，在多媒体、网络工具等方面进行改进，其具体方法如下：

（一）总体思路

第一，要对媒体的观念进行更新。网络的发展也促使着媒体的发展，运作方式、方法等都会不定期地进行更新和改变，这样就致使思想政治教育工作也会发生很多变化，例如当今学生常用的微博、微信等都是利用新媒体的特点发展而来的。而思想政治教育的发展也正是利用了这些媒介，传播教育思想和政治理论，不断地革新教育观念，极大地推动、更新了高等学校的思想政治教育管理工作观念。为与时俱进、与时代同行、与科技接轨的思想政治教育做出了很大的贡献。

第二，要站在新媒体创新思路上，要适应时代发展的趋势，继续推进实施创新精神。传统的思想政治教育方式都是思想政治教育工作者对学生进行直观的教育，侧重点单一，不能使学生完全接受，现如今科技时代，学生的信息获取变得更多了，尤其是通过网络工具能够获取更多的信息。所以思想政治教育工作者应该主动学习网络知识，学会运用网络与学生沟通交流，这样更容易走进他们的内心，与学生心贴心的交流，更利于思想政治教育工作的开展。

比如说，微课是当下我国高校运用最多又推广最快的一种新型思政课教学主要手段。微课以短小精悍的"微视频"为载体形式，是"互联网+"教育的优秀成果，有利于解决传统教学方式的突出问题，为"互联网+"高校思想政治教育带来良好效果。微课一般时长5~8分钟，它的主题性更强，比文字阅读更立体更生动。在微课教学实践中，高校思想政治理论课教师经历了一个由重知识讲解到重情境体验的转变。情境微课是将教学中的知识重点和难点镶嵌于特定的任务或场景中，并运用多媒体技术制作出精致的小视频或小动画，建立微课资源。情境微课形象生动，可以将抽象、枯燥的思政理论化杂为精、化繁为简、化粗为细，变得易学易懂。同时，微课符合大学生移动化学习、碎片化学习、个性化学习的口味，契合大学生的学习心理、教育期待和接受愿望，方便大学生利用碎片时间自我"充电"，避免了长时间集中学习带来的学习厌倦，故能得到"00后"大学生的普遍喜爱。同时，与大型慕课相比，微课的制作时间短，成本低，在高校推广和应用也更加容易。高校要积极推广和宣传情境微课教学模式，鼓励高等院校思政课教师将微课应用于教学实践中，更大地激发学生学习兴趣，提升教育教学实效。首先，微课教学要坚持实事求是的方法，避免短时炒作和形式主义，要以解决大学生的思想困惑为出发点和落脚点，以提高思政课的教学效果为目标。再次，要坚持优质性原则。情境微课绝不是换了个新颖的包装，也不是简单地录制视频片段，情境微课确立什么主题，选取什么素材，制作多久的视频，采用什么辅助资料，如何科学评价反馈等环节都要考虑到，也都必须优化，这样才能真正起到调动大学生学习热情的目的，实现良好的育人效果。

第三，对多媒体的方法进行创新。各种多媒体的聚合构成了网络这个大家庭，高等学校的思想政治教育管理方法应该与网络特点相结合，依据具体情况进行有价值有意义的创新。使用宣传材料、校园电视广播、音频、视频等传播方式，有目的地对思想政治教育工作进行创新，切合学生的喜好进行传播，发展大众文化教育。

第四，要加固网上理性爱国主义教育阵地。进入新时代以后，互联网发展愈加快速。新媒体逐渐成为青年大学生之间以及其与群体外其他主体交流互动和共享信息的主要平台。大学生群体使用智能移动终端浏览新媒体时间在其娱乐休息时间的比重持续增加，这一现实为高校运用新媒体平台培养青年大学生爱国主义精神提供了适宜性土壤。当前为适应网络形势的变化，必须构建新媒体爱国主义教育宣传阵地，党政宣传、教育以及网络监督管理等部门应根据大学生实际需要及其成长规律推动高校宣扬以爱国主义为核心的民族精神。一般通过搭建相应主题板块的网站平台、传播爱国主义的短视频以及公众号推文等形式，传播国家历史中传承爱国主义精神的英雄故事，使爱国主义思想在高校青年群体中扩散并根植于其内心思想深处。

第五，培育中国特色社会主义优质教育土壤。在思政教育宣传手段和方式上，紧跟时代步伐，既要把握基础知识教学，还应借助信息时代的机遇，营造校园新时代的氛围，比如营造爱国主义教育学习气氛，激发青年学生校园大讨论。首先，凸显网络思想政治教育在高校教育体系的必要性，充分利用有效的新媒体作为连通思想教育主体与客体互动的纽带。比如说，爱国主义教育作为思想政治教育的重要构成部分，搭建爱国主义教育网络新平台对提升思想政治教育的实效性有非凡意义。建设爱国主义为核心的民族精神高地，高校相关部门应发挥部门职能，通过各类符合社会主义核心价值观且具创新吸引力的实用新媒体，适应高校青年大学生的现实需要并贴合其心理演变和群体分布规律，推动爱国主义教育简单化、日常化、差异化以及共识化。其次，高等院校教师需在课堂思政上下功夫，讲解历史故事，以历史人物的所作所为和爱国情怀为线索，使学生具有深刻历史映射，感受英雄的"平凡"与"不平凡"。最后，理论结合实践提高学生的思想素养，开展内容丰富、形式多样、主题鲜明的爱国主义实践教育活动。学生支部积极发挥战斗堡垒作用，号召和引领广大学生党员、学生团员回顾爱国主义经典著作，组织爱国主义纪录片和电影的免费放映，以及引导学生实地考察爱国主义教育实践基地，促使青年学生理解爱国主义事件中人物内心深层次的情绪以便感悟爱国主义精神。利用学生喜闻乐见的方式，举办团学活动，促使青年大学生剖析历史事件中爱国英雄的精神并感悟爱国主义精神的本质内容。总之，通过符合社会主义核心价值观的教育方法和实践方式迎合不同青年大学生的需要，为高校思政教育提供强有力的感召力和实效性。这样新媒体就和多种教学结合到了一起。

(二)具体方法

1. 用新媒体鼓励思想政治教育管理工作创新

新媒体依靠信息技术和数字资本的推动,凭借互动性、及时性、开放性以及共享性特点逐渐成为当前人们交流互动、意识碰撞以及思想表达的主要平台,对新时代青年的生活方式和生产方式产生重要影响,进而形成与以往时期所不同的思想和认知观念。

我们要看到新媒体逐渐成为大学生最主要的信息接收以及观念表达的载体,其使用量的迅猛增加使高校思想政治教育面临新的考验。青年大学生正处于情感宣泄的旺盛期和价值观的形成期,在认知方面还不成熟,其思想以及行为很容易受到其他因素干扰,造成大学生群体极易出现非理性的盲从甚至过激行为。这一问题解决要求大学生思政教育要做到紧跟时代,创新教育方式。通过分析当代大学生价值观、人生观形成道路发展规律,结合新时代实际从而提出科学新颖的实现途径,培养新时代大学生服务社会、奉献国家的良好精神。

随着网络的普及和社交媒体的发展,一些高等学校也探索通过校园微博、微信、微视、校园论坛、聊天室等多种形式进行在线思想政治教育,取得了一些成效,但仍然没有改变年轻学生参与性不够、被动灌输的局面。

新媒体的影响力较强,传播内容和传播速度不受控制。对高校产生了深远的影响,尤其是对学校教育工作的展开有很大的影响,所以学校的宣传部门应该引起重视。高校宣传部门应该从制度高度统一领导思政课教学,对思政课教学进行系统的要求和战略部署,并进行运用效果的检验。同时,高校辅导员是大学生思想政治教育和日常管理工作的直接组织者、实施者和倡导者,是对学生进行思想政治教育的最后的把关人,辅导员可以合理运用新媒体与学生进行沟通,这就要确保高校辅导员高拥有较强的思想政治教育意识和新媒体运用的技术优势,其既可以站在专业角度,也可以把握新媒体态势。高校辅导员可以以朋友的角度答疑解惑,以观察员的身份为思政课提供素材,掌握学生动态,做新媒体运行的幕后力量,为思政课教学服务,确保思政课教学的良好运行。

新媒体带来了新的教学方法和内容,仅仅依靠一方之力难以实现教育的整合,只有各方齐抓共建,各部门加强合作,扬长避短,充分发挥出整体大于局部的作用,同时优化内部结构,实现资源的有序互通,发挥新媒体应有的功效。

首先,可以组建新媒体原创团队。借助新媒体的发展,信息可以迅速地被转载交流,一些高等院校思政课教师由于种种原因,未能有效发挥新媒体的优势,思政课教学内容流于表面形式，只是对新媒体内容的借鉴参考，更有甚者对一些内容照搬照抄，学生出于无奈只能学习与学校教学或者实际不符的内容，比如在线上展开教学之时，一些高等院校教师通过播放他人录好的课程应付自己的教学和学生，以至于效果不是很理想。新媒体尊重原创，尊重教学内容和高等院校教师的辛苦付出。思政课教师如果独立完成新媒体教学较为困难，可以组建自己的团队，在收集教学内容、交流讲授内容、创作视频音频和新媒体的后期运营方面进行合作，经过专业的分工和加工，提高思政课程的原创性。这样课程多一些新鲜内容，拒绝一味地转载，提升新媒体的影响力。比如目前，有部分高校微信平台的幕后人员是高等院校的学生，充当的是志愿者的角色。高校学生在完成课业的前提下，可利用业余时间录制视频、拍摄图片等，这样可以让学生参与进课程的开发之中。要让微信平台发布的信息内容呈现时效性和新颖化，平稳、长期地持续下去，学校也应该提供一定的资金，给予物力、技术上的支持，以及对拓展交流、学习合作、学术观摩等活动的支持，同时还需要固定的平台运营人员来提供保障。

其次，鼓励高等院校思政课教师掌握新媒体相关知识。思政课课堂的效果如何还是要靠思政课教师的教学发挥。在构建一支新媒体专业团队的同时，仍然需要鼓励每一堂思政课都要让老师切实地掌握与新媒体相关的知识，可以让他们在思政课堂上灵活地运用各种新媒体与其学生之间进行信息沟通和交流，利用各种新媒体及时更新课堂内容，了解学生的需要，使得每一堂思政课都可以做到内容丰富，受到学生的欢迎。新媒体可以带来丰富的教学方式、新颖的内容，思政课教师，尤其是年纪较长者鼓励其由简单的新媒体知识开始学习，逐步过渡到深入运用，使得思政课真正做到与时俱进。

需要注意的是，应该注重新媒体的舆论引导。宣传战线要加强对新媒体的舆论引导，尤其是引导新媒体上网络大咖、公众人物发表合理的言论。教育战线要在各级学校弘扬爱国主义精神，厚植爱国主义情怀，培养学生爱国意识。相关部门要合理运用新媒体，搭建新平台，牢牢掌控网络教育的新阵地。通过公众号、抖音等网络新平台，宣扬正确的价值观，宣扬爱国主义精神，运用青年学生喜闻乐见的方式来激发大学生的爱国情感。新媒体方面的发声一定要坚持正确的政治导向，宣扬正面的、积极的实例，从而引导大学生培养理性思想。对于网络低俗视频相关部门应予以重视，将其扼杀在摇篮里，给大学生学习生活创造一个纯净的环境。

2. 用网络多媒体搭建沟通平台

当前网络时代下的思想政治教育，面临诸多新情况和新挑战，没有历史经验可以参考，只能根据时代的特点和事物发展的规律进行推测、实验，一边探索一边总结经验。因此，建立一个思想政治教育管理平台会对思想政治教育管理工作起到促进作用，思想政治教育管理平台能够帮助思政教育工作者建立学习、沟通的空间。因此，可以通过以下几种主要手段来进行沟通。

一是利用当前人们常用的网络聊天工具——微信，与学生心贴心交流、交心沟通，拉近距离。

二是通过会议的方式，每个人的想法各不相同，通过对每个人的想法进行汇集，对当前面临的工作困难进行讨论，研究好下一步工作的具体方案。

三是利用一些贴吧、论坛等，比如开通一个专项交流论坛，每个人积极建言献策，反映问题，将工作经验、方法等共享、交流。

四是利用热门网络媒体平台及热门教育网站，比如利用微信公众号平台、抖音官方公众号平台、微博官方公众号平台等热门媒体平台，发布积极向上的思想政治教育内容，在第一时间扩大思想政治教育影响范围。

3. 注重学生主体作用的发挥

促进学生的发展和维护社会的稳定是思想政治教育工作的目标，而学生是教育的主要对象，也是当今时代下重点关注的人群，因此，在教育过程中，尤其要注意学生的素质教育，要积极地将计算机技术运用到教学活动中，提升网络在高等院校的学生日常学习生活中的地位。校方应大力支持举办一些大赛，可以开展网络答题、网络知识竞赛等，在运用网络开展宣传教育的同时，也提高了学生对计算机、网络的学习积极性，引导学生不断学习、不断接触新知识，培养一批具有高素质的人才。

在学生与老师之间应当建立一个沟通的"介质"，这个"介质"就是学生党员、学生干部，让他们履行自己的职责，掌握学生的发展动向，制定相关政策、规定等，让学生都敢于反映问题、提出问题和建议。定期举办反映学生群体状态、总结问题等活动，并将一些建议、文章、相关信息等编撰成报刊，供学生阅读深入学生内心，这也是思想政治教育管理的一个延伸、一种方法。目前，越来越多的学校建立了思想政治教育专题网站，依靠学生骨干、学生党员办网站、管网站，这很好地体现了是学生的自我教育、自我管理、自我服务。学生骨干和学生党员管理网站的过程也是受教育的过程，是充分发挥主观能动性，提高思想政治素质、科学文化素质以及综合能力的过程。

4. 注重线上课堂的质量

在网络信息时代下，世界各类学校纷纷采用计算机网络进行教学。疫情防控期间，线上课堂成为与时间赛跑，教学任务正常进行的保证。基于不同地区的现状，钉钉、QQ会议、雨课堂、腾讯、爱课帮等新媒体直播软件借助"云"技术，使得思政课在"云"上进行直播授课，同时线上方式进行，高等院校教师可以在线上直观给学生答疑，学生通过点播回放等方式可以深入、反复进行知识点的学习，确保了学习进度的正常进行。运用新媒体进行线上直播思政课教学可以进行以下几点尝试。

首先可以建立"云"班级。疫情之初，多数教学都是通过手机或者手机+电脑的方式开展直播教学，部分老师老师还要对新媒体的直播软件进行摸索、尝试，加大了授课高等院校教师的任务量，授课形式也简单单一，效果也不尽人意。为保证教学的良好进行，学校要利用"云"技术，充分利用新媒体直播软件的优势，由高等院校专业教师及时将高等院校任课教师及学生的信息导入直播软件，建立授课班级的基本信息情况，为学校所有师生申请线上账号，并覆盖班级信息、高等院校教师信息和学生信息等基本情况，搭建打卡、授课、答疑、推送、发言等线上直播方法按钮，使得学生和教师只需通过手机验证码便可以进入课堂进行线上的教学与学习，避免因为软件的生涩而导致的思政课教学效果的弱化。

如今，线上教学并非疫情防控期间的权宜之计，而是教育发展的未来趋势，满足人们随时随地学习的需要。

笔者为探求线上教学情境下强化思政教育功能的路径，采用访谈法，对开展线上课程思政教学的6位高等院校教师进行访谈，在一所省级开放大学，随机选取开设一学期、开展线上课程思政教学实践的6门不同专业课程（微机系统与维护、混凝土结构设计原理、西方经济学、应用写作、管理心理学、心理健康与教育）的授课高等院校教师作为访谈对象，其中，男教师2名，女教师4名；平均年龄为35岁；文化程度均为硕士；教学经验丰富，除1名年轻教师外，教龄均在15年左右。

结果表明，线上教学课程思政融入路径主要有：丰富线上教学方法，包含讲、查、做、演、论等；引导学生线上体验，包含情绪体验、行为体验、生理体验等；整合线上教学资源，包含知名专家讲课、虚拟网络平台、网络信息资源等；创新线上教学模式，包含直播课堂、中国大学MOOC、混合式教学等。未来在强化课程思政功能的路径选择时，高等院校教师应根据专业课程类型与内容、学生水平和需求、个人授课风格等选择最合适的融入路径；学校应鼓励高等院校教师参与培训，维护高等院校教师心理健康，提供高质量的线上资源。

另外，很多高等院校教师及学者或从教学实践中提炼，或从教学理论中分析，探究诸多课程中思政融入路径。而由于网络学习的虚拟和无接触的限制，线上教学课程思政与线下有着明显的区别。线上的老师们很难在屏幕的另一端感知学生的思想和情感，线上教学情境下思政课程机会与困难并存。

访谈中，不少被访者表示线上讲授、做作业、查阅资料较容易操作，且更易被学生接受；同时，也有被访者谈及"组织学生在云端进行抗疫最美职业的讨论""视频演示如何做好个人防护"等。根据教学经验和专家讨论，访谈提取出：（1）包含讲授PPT、纯视频课本教学及无课本教学等线上讲授，即结合思政元素讲授知识点；（2）包含带领学生查阅电子资料、书本等线上查阅，即提出隐藏思政元素的专业知识问题；（3）包含线上完成社会实践、调研、微视频、数字故事等线上做作业，即布置包含思政元素的线上作业；（4）包含学生课堂、演讲、编剧、演示等线上演示，即指导学生在实践中融入思政元素；（5）包含讨论、辩论、论坛等线上讨论，即在讨论过程中积极引导学生。有学者指出这五类范畴均属于高等院校教师常用的教学方法。因此，"线上教学方法"这一核心类属，可以囊括以上范畴。

被访者谈及学生在线上发表一些表示哭泣、感动的表情包，感受到身体发抖的文字以及分享自身乐于助人的故事等表达情绪的内容。研究根据情绪的本质，即具有独特的生理唤醒、主观体验和外部表现三种成分，将这些表情包、文字、故事分成三种主范畴，分别是学生在线上教学过程中受到高等院校教师情绪感染而体验到的情绪；受到高等院校教师线上言语或课堂行为的启发，表现出即刻改正错误、自发约束、纠正他人行为等；线上情绪和行为体验带来的生理反应。学生情绪的表达实际上就是学生线上学习体验的结果，只有学生对思政内容产生了共鸣，才能表达出情绪，真正达成线上学习体验。因此，线上学习体验包含线上情绪体验、行为锻炼、生理唤醒三种成分。

被访者在访谈中提到"线上连线参与疫情防控的社区工作者时，同学们的发言非常热烈""线上播放专家思政授课片段，学生参与度更高"等。根据线上资源的不同性质，将其分为专家授课、虚拟网络平台、网络信息资源三种类型。其中，专家授课是高等院校教师通过线上邀请名师直播连线、播放教学资源库中专家录课等方式，借鉴他人教学经验，解决某些课程知识难以融入思政元素的问题；

虚拟网络平台是高等院校教师进行情景式教学的线上平台，包括国家开放大学等学校自建虚拟仿真实验平台，各类电子图书馆、博物馆、展览馆等官方设置的虚拟仿真平台，可以很好地帮助教师以更巧妙的方式在课程中融入思政元素；网络信息资源包含网络中可用于辅助教学的短视频、图片、文字等，为海量搜索专业课程和思政元素结合所需的材料提供了可能。

被试者在大部分课堂中都使用了直播课堂的教学模式，而对于一些实操类课程，不少被访者表示"使用MOOC模式进行建筑类课程教学，能将思政融入得更为准确，也更为精炼，思政元素挖掘也更明确""线上讲解芯片，融入芯片强国相关思政元素后，鼓励学生到线下看看存储器和相关手机的销售现状，让学生更加理解拥有中国芯的重要性"等。据此，研究将访谈中提到的三种主要的教学模式进行选择编码，最终得到线上教学模式这一融入路径。具体来说，直播课将课程知识按照书本中的逻辑框架进行依次讲解，适时融入思政元素；中国大学MOOC是指高等院校教师通过某一个共同的话题或主题进行教学设计，学生根据某个话题或主题进行学习，据此话题进行思政融入；混合式教学是课程直播＋自主学习的方式，教学活动按照课堂需求切换，学生和高等院校教师互为主体，设定多种主体下的思政融入。

结合访谈的内容，作者尝试归纳出线上教学与思政结合的路径建议，具体有以下几点：

第一，丰富线上教学方法。随着互联网和人工智能技术的普及和应用，线上教学方法也日益增加。高等院校教师在线上讲授知识点、提出专业问题、布置作业、指导实践、组织讨论等过程中，都可适时地融入思政元素。单一的讲授法早已不是疫情防控期间最常用的线上教学模式，多元化的教学方法更有利于促进学生对知识的掌握。高等院校教师要多学习线上教学方法，增强线上教学本领，推进线上思政教学的展开。例如，高等院校教师组织线上讨论时，要学习平台操作技巧，有意识地引导学生积极向上。学校也应为高等院校教师提供功能齐全、设备完好的教学平台，辅助高等院校教师进行多元化教学，以"新带老"等培训方式帮助高龄高等院校教师转变思想认识，加强高等院校教师课程思政执教技能培养，完成线上教学任务。

第二，引导线上学习体验。已有研究表明，实践性、活动性、主动性、参与性、情感性、体验性是课程思政实施的基础，也是做到"八个统一"的必然要求。换句话说，即使是线上思政教学也应注重情感体验和行为锻炼。高等院校教师在讲解课程知识的同时，可以传递带有积极情感体验性质的情绪；积极进行言传身教，以身作则，传递正能量；通过情绪、行为体验，唤醒特定的生理反应。如，高等院校教师组织学生线上评比疫情防控期间最美中国人，并启迪学生，积极居家隔离。高等院校教师必须先对自身情绪进行充分的感受、调控、融合、表达，重视课堂教学语言的重要性，这样才能真正感染学生的心灵，达到"晓之以情"的线上教学效果。高等院校教师要做到爱岗敬业、关爱学生、严于律己等，使学生切实感受到老师的高尚道德情操，从而激发学生主动地进行线上行为体验。同时，通过学生不同形式的线上表达，注意到学生的生理体验，及时进行课程思政内容的调整。学校应注重高等院校教师的心理健康，建立心理健康档案，提供心理健康服务；评比线上师德榜样，制定线上师德师风规范，约束线上教学行为。

第三，整合线上教学资源。高等院校教师进行教学设计时，应恰切利用各类线上教学资源，将思政元素有机融入知识点，使得专业知识更加生动活泼，思政效果更加润物无声。可以说，整合线上教学资源是线上课程思政做到"八个统一"的基本前提。线上教学资源突破了时间和空间的限制，避免了以往课程思政肤浅引入的现象，如，护理学高等院校教师在讲授感染病患者护理知识时，可连线或邀请新型冠状病毒定点医院的护士，还可以利用网上医院的影像资料进行线上模拟。高等院校教师可充分挖掘线上教学资源，建立本学科教学资源库。同时，要"抬起头来走路"，了解专业和行业知识前沿，及时更新课程思政元素，防止"教学过时"。学校可共享线上教学资源，建立网络教学团队，组建资源整合团队，筛选出优质的思政资源。

第四，创新线上教学模式。在线教育发展以来，教学模式的探索层出不穷。专题教学、案例教学、翻转课堂、微课视频等教学模式融入人文和情感因素，可以很好地激发学生学习的积极性，是达到"八个统一"的有效途径。尤其在新冠肺炎疫情防控期间，高等院校教师适当融入时政、卫生保健、心理健康知识等，可增强学生爱国情怀，做到网络自律，不信谣，不传谣，积极向上。同时，高等院校教师要区分不同的线上课程类型，如理论讲解类课程的教学模式更适合直播课堂模式；操作和演示类课程需高等院校教师课前录制或选择好手工操作展示视频，线上教学中边播放视频边讲解知识点，因此更适合ＭＯＯＣ模式。学生反馈类课程，需要高等院校教师在与学生的反馈互动中进行实时指导，学生反馈的内容充满不确定性，因此，更适合混合式教学模式。学校应积极进行线上教学改革，建立线上教学评价机制，鼓励高等院校教师利用互联网大数据和人工智能等新型技术，创新线上教学模式。

5. 校园、社区与家长的网络化联动

在全国高校思想政治工作会议上，习近平总书记表示"要坚持把立德树人作为中心环节，把思想政治工作贯穿教育教学全过程，实现全程育人，全方位育人，努力开创我国高等教育事业发展新局面。"实际上，我们反复强调的实现网络化的校园、社会、家长联动格局就是一种全程育人、全方位育人的表现，主要表现在以下方面。

第一，丰富校园文化的内涵。校园是大学生求学生涯停留最久的地方，校园文化是一种隐形的、潜在的教育资源，是无形文化氛围和有形物质环境的集合体，能够满足师生开展教育教学活动的需求，又能为大学生日常生活和学习提供物质上的保障，是培养大学生良好行为习惯和道德品质的主阵地。这就要求大学各位教育主体本着"寓学于乐""寓教于乐"的理念建设校园文化，定期组织各式各样的校园文化活动，以一种轻松、有趣的方式调动大学生学习思想政治理念、知识的能动性；不仅如此，在互联网高度普及的当今，大学生的生活模式和思想价值观念也因为网络时代的全面来临而发生了天翻地覆的变化，高校作为培养人才的基地，更是要承担好运营和维护校园网的责任，优化思想政治教育网站，体现网站对大学生的亲和力、吸引力，尽快成立一支在业务、思想、素质方面表现出众的网络辅导员人才班子。

第二，大学生思想动态的跟踪和反馈也是社区工作人员的一项重要工作内容。社区人员要通过宣传，使大学生充分了解社会热点事件、重点事件的来龙去脉，保持他们对社会问题的关注度。

第三，努力营造一个有利于大学生健康成长的家庭环境。众所周知，家庭是社会重要的组成单位，相当于是社会的"细胞"，家庭是大学生接收教育的第一场所，家庭成员的一言一行都影响着大学生"三观"的形成，所以家长要配合学校在家里培养学生良好的行为习惯、生活技能，重视大学生的家庭教育和成长。家长要努力营造一个良好的家庭教育环境，发挥父母言传身教的作用，主动去了解孩子成长过程中的想法、需求和心理特征，运用科学的教育方法和理念引导、教育孩子，通过与孩子平等对话，获得孩子的信任，除此之外，家长还要规范自己的行为，以身作则，发挥榜样效应。

要实现网络化的校园、社区、家长联动，必不可少得要依托于互联网现代化工具进行统筹管理，例如创新联动机制的APP，让学校、社区、家长都可以在第一时间知晓大学生的心理动向以及最新修学习、生活特点等。

6. 学生网络化自我教育

网络已经是大学生生活的重要组成部分，在资源平台以及网络建设已经逐渐完善的情况下，大学生开展网络自我教育成果也是当下"互联网+"背景下创新网络思想政治教育方法的重要策略之一。大学生自我教育成果包括学习的内容、过程、考核分数的记录以及展示。互联网时代中的各色软件所拥有的即时性、记录性等特性非常适合大学生进行网络自我教育并且进行自我教育成果的展示。

第一，在微信小程序或者思政APP学习的内容上，可以制定内容积分形式形成好友排行榜来激发大学生的学习积极性和激情。

第二，在网络直播课程平台进行学习过程弹幕的数据采集，并产生公开的学习过程数据，将学习过程透明化、实体化。

第三，通过思想政治教育平台来进行综合考核以及受教育者对教育者评价。教育者在传统的考核之中经常会因为各方面的原因对于较为熟悉的学生而产生不一样的情感而造成考核分数的不公平性，而在网络资源平台下的每个人都是隐匿的状态能一定程度上提高公平性。而被教育者在对教育者进行期末评价的时候也通常考虑到师生之间的阶级关系没有办法给出心中真实的想法与评价，那在微信平台上可以进行隐匿的评价，可以促进思想政治教育者自我激励，开展大学生自教育成果网络联动活动，不断在各个环节上激发大学生学习的积极性，不管是在知识、认知层面上都可以带给大学生更多的自我认识能力，提高自身的思想道德素质。对于思想政治教育者层面来说，可以看得到受教育者的所有学习过程以及结果，会更加地有成就感。

7. 评测及监管机制的网络化

1. 效果评测体系网络化

在当前网络时代下的思想政治教育管理有着独立的评测标准，主要是根据日常管理工作和一些数据作为评测的主要依据，而对于评估目标检验的标准就看是否维护了社会稳定和促进和谐发展。首先考察思想政治教育管理者是否遵守职业规定、是否履行职能，在管理者职业规定中包含是否深入了解学生、是否对班级进行各项建设、是否对每位学生负责等。其次是看思想政治教育工作者有没有借助一些活动来具体实施，在此过程中是否贯穿了思想政治教育思想，此标准也是一项动态指标。最后要观察思想政治教育管理者的教育成果，考察以班级为单位的班内学生干部、入党先进分子的思想状况是否积极向上、自强不息，还要看入党的人数、受到处罚的人数，判断出一个总体趋势，也是反应思想政治教育管理者的一个重要指标。

2. 监管机制网络化

关于思想政治教育管理工作，还有最重要的一点就是监管机制，监管机制能够表现出思想政治教育工作的合理性、科学性。思想政治教育的监管机制应当具有持久性和有效性，所以监管机制必须构建，发挥出监管的最大活力，进行规范管理，确保高等学校思想政治教育工作顺利开展，不受其他因素管控和影响。有效的监管机制的完善和落实，也是保证教育计划顺利开展的前提，因此，当前高等学校主要通过以下四点落实有效的监管机制。

第一，要从网络技术入手，增强网络技术的监控力度，建立合理的技术体系，过滤一些不良信息，防止网络不良言论等大量出现，不断更新技术手段。通过对网络流量数据进出的严格监控，实时追踪，及时处理，构建一个巨大的监控追踪体系。用这种方式以及加强法律监管，无形之中就形成了一种震慑力。提高网络技术的查处能力，能有效阻止一些不良网站的负面影响，通过正确引导，让学生走向正确的道路。

第二，推动网络道德教育的发展。网络具有虚拟性，开展网络道德教育十分必要，这能够增强学生的道德观念，规范自身的行为。俗话说，没有规矩不成方圆，学生要自觉遵守网络道德规范。学校要积极开展关于网络道德教育的活动，倡导文明上网，不发表不切实际的文章，不传播淫秽色情图片，规范网络、净化网络从自身做起。通过一些投票建议、征文活动、问卷调查等方式开展有教育意义的活动，让网络环境更加健康。

第三，对网络进行普法教育，中国是一个依法治国的国家，法律是一条不可触碰的红线，因此，作为中华人民共和国的一员，应该遵守法律法规，规范言论，不散布谣言，不煽动，不发表一些不负责任的言论。国家和相关部门加强立法，完善相关法律法规，高等学校也应对学生进行普法教育，增强法律意识，文明上网。当然思想政治教育也要与法律相融合，针对在网络上的不良言论坚决予以打击，并及时的删除。

第四，对敏感的言论进行疏导，网络被各种各样的信息充斥着，所以会经常出现一些不良言论，有些还带有暴力倾向和煽动性语言，在网络上，人人可以发表言论，但事实上每个人的素质不同，看待问题的出发点不同，很容易出现一些过激的言论，即使网络管理员能够限制其发言的权限，但事实上也很难做到监控每一个用户，如果某网络平台出现大量的反社会话题，网络就会停止和关闭。所以，网络也应当加强引导和管理，通过一些话题转移，官方回复等主要手段化解这些矛盾。

第五章　高等学校思想政治教育评价体系的建设

本章对于高等学校思想政治教育评价体系的建设进行了分析，主要包括高等学校思想政治教育评价概述、高等学校思想政治教育评价体系建设这两方面的内容。

第一节　高等学校思想政治教育评价概述

本节对于高等学校思想政治教育评价的相关概念，评价的内容和意义，目前考核评价体系的发展等进行探究，希望能够为之后更好的探究评价体系的建设提出一定的建议。

一、相关概念的探究

（一）评价

"评价"一词原意为评论货物的价值，社会生活的变迁和拓展引起了"评价"一词内涵的变化。"评价"一词也有了新的内涵和定义。美国学者用一个经典简明的公式对评价一词进行了解释说明，也就是评价由两部分内容构成，即量（或质）的记述和价值判断这两个部分。

（二）教学评价

何谓"教学评价"？简单地说，就是对教学质量的好坏做出判断。教学评价是在一定评价理念指导下，以课程和教学目标为依据，按照科学的标准，运用有效的技术手段，对教学过程及结果进行测量并给予价值判断的过程。人类在学习过程中有较强的分析归纳能力，为了较快掌握某种知识或是某种技能、方法，我们通常会从其本身的属性和特点出发，对其进行划分和分类，以便于我们清晰、快速地掌握该项新事物，在这个过程中划分的标准和维度并非只有一种，可以有很多种分类方法。教学评价活动在被人们所认识时也被划分出了不同的类型。

笔者认为课堂教学评价不单单是对高等院校教师及其相关教学实施活动及手段进行评价，还包括对课堂中学生的学习态度、学习行为和学习效果多个方面的评价，此外还应该包括课堂教学过程中所涉及的各个方面及教学效果等。作为教育教学领域长期存在且经常性开展的课堂教学评价活动，其对于师生双方、课堂教学本身、课程建设与学科发展来说都具有十分重要的意义。

（三）高等学校思想政治教育评价

《新时代学校思想政治理论课改革创新实施方案》中提到要循序渐进、螺旋上升地开设好大中小学思政课。在该方案中分别指出了不同阶段的课程目标：小学阶段重在培养学生的道德情感；初中阶段重在打牢学生的思想基础；高中阶段重在提升学生的政治素养；大学阶段重在增强学生的使命担当[1]。由于各阶段的课程目标不一样，所以对各个学段的思想政治理论课的课堂教学考核评价的内容也会有所区别。所以要想完整把握其内涵，我们要能看到其作为课堂教学中具体的学科实践的特殊性，又要看到其作为课堂教学评价的普遍性。高校思想政治理论课课堂教学评价是在具体思想政治理论课教学过程中去发现教学中存在的问题，并为解决这些问题提供依据，进而培养学生终身发展所需具备的核心素养，促进高等院校思想政治理论课教师教学水平提升和思想政治教育课教学质量提高。

高等学校思想政治理论课课堂教学评价有更加明确的指向性和范围，将范围明确确定为大学阶段，因为我国的大中小学各个阶段都有开设思政课。一个学科、一门课程要逐渐完善和成熟，那必然是要经过长时间的发展的，它要根据时代、社会环境和历史环境的变化而做出相应改变。高校思想政治理论课具有较强的时代性，我们通过历史的实践不难发现，思想政治理论课开设的课程、所使用的教材、所选用的教学案例及手段方法都紧跟时代的脚步。长时间以来，高等学校从未停止过调整和改善思想政治理论课的课程设置、名称、内容、教材，现阶段我国高等学校思想政治理论课开设"马克思主义基本原理概论""毛泽东思想和中国特色社会主义理论体系概论""中国近现代史纲要""思想道德修养和法律基础""形势与政策课"等五门必修课程，各门课程各有侧重。

---

[1] 中宣部，教育部.新时代学校思想政治理论课改革创新实施方案.2020年.

（四）高等学校思想政治教育教学考核评价体系

体系是若干有关事物互相联系相互制约而构成的一个整体。根据体系的定义我们可以看出，体系包含多个要素，这些要素是相互联系、相互影响却又相互独立的存在。我们可以将高等学校思想政治理论课课堂教学评价体系看做一个大系统，它旨在以一种全新的理念引领考核评价工作的开展与推进并构建起一个可供人们使用的考核评价工具，之后通过考核评价促进考核评价对象的发展，最终为教学活动中的重要主体——学生服务。

二、评价的内容与意义

高等学校思想政治教育教学考核评价体系作为一个整体，旨在对高等学校思想政治教育进行科学、合理的综合考核评价，是对思想政治教育教学质量评价研究的重要组成部分，也是促进思想政治理论课课堂教学实效性提升的重要手段。它在一定教育理念指导下，根据评价目标和标准，采用一定的评价方法，并且按照规定的步骤进行共同协作运行。至此，我们应该考虑评价的组成要素是什么。

（一）内容

1. 评价目的与评价目标

（1）评价目的

明确的考核评价目的和具体的考核评价目标在整个考核评价活动中至关重要，所以我们要弄清楚"为什么评"这个问题。笔者从以下几个层面来解答为何要开展高等学校思想政治理论课课堂教学考核评价工作。从学生发展的角度来看，教学评价能够让学生了解自己的学习情况，清楚学习效果，从而促使学生反省或者改善学习方式以促进个人发展。从高等院校教师发展维度来看，在于帮助高等院校教师关注学生学习情况和教学效果，发现课堂教学中的问题并及时改进以及促进高等院校思政课教师专业发展。从课堂教学效果提升的维度来看，则在于掌握课堂教学具体实施情况，提升思想政治理论课课堂教学效果以促进学生学习和发展和高等院校教师专业水平提升。一般意义上，关于课堂教学评价目的主要有以奖惩为目的、以促进为目的、以提供决策依据为目的三种类型。

（2）评价目标

思想政治理论课教学目标与考核评价目标虽然并不完全相同，但事实上考核评价目标的设定要以教学目标作为重要参考，并且不能与教学目标相背离。思想政治理论课的教学目标按照不同的标准可以划分为不同的类型，可以划分为三维目标。高等学校思想政治理论课的教学目标并不是简单的知识目标和能力目标，还包括很重要的情感态度价值观目标，这就要求评价目标在设定的时候必须涵盖以上的知识、能力、情感态度价值观等方面，必须对这三个维度的目标有所反映和体现。

2. 评价主体

谁来评？——这是我们要明确的第二个问题。评价的主体包含哪些人？教育部在《关于深化高校教师考核评价制度改革的指导意见》中明确提出"实行教师自评、学生评价、同行评价、督导评价等多种形式相结合的教学质量综合评价。"[①]"第四代教育评价"倡导要构建"所有参与评价人全面参与的评价氛围"，评价主体多元化正是这一理念的具体体现。在思想政治理论课课堂教学考核评价中，我们要避免评价主体单一化，多元评价主体是为了保证考核评价从多个不同利益主体的角度出发，力求实现客观公正全面的评价。作为学生，利益诉求在于通过课堂教学评价能否让"我"掌握该堂课所教授的知识，上完课后"我"是否有所得，学生作为评价主体其直接的利益关注点还是在自身，主要服务的对象是"学"。学生进行评价时要注意引导其规范、诚信、客观评价，让学生的主体性得以体现，避免学生评价流于形式。高等院校教师作为评价主体是从思想政治理论课教师自身的利益角度出发，关注学生课堂学习表现、学习情况、教学方法和课堂教学效果等方面，旨在发现课堂教学问题并及时调整改进。同行评价和督导评价相较于之前的学生评价和教师评价来说又更具客观性，高等院校教师和学生既是课堂教学的重要实施者和直接参与者又是评价的重要主体，而同行和教学督导并不参与课堂教学活动，仅作为评价主体对课堂教学各个方面作出观察与价值判断，旨在发现课堂教学中存在的问题并帮助学生和教师改进以往的不足之处，促进其发展，为思想政治理论课课堂教学服务。同行就是指同一工作行业或者专业领域的人，在思想政治理论课课堂教学考核评价中，从事思想政治理论课教学的老师和经验丰富的思想政治理论课专家是同行评价的两个重要构成群体。督导评价主要以随机抽查为主，但还应注意对于一些高等院校特殊群体教师给予精评、细评，如高等院校新入职教师以及考核评价情况不太理想的高等院校教师，以此促进思想政治理论课教师教学水平提升，更好地提供高质量的教学服务。不同的评价主体从不同角度出发有利于保障考核评价的全面性和客观性，也可以避免单一评价主体的局限性。社会心理学上有个著名的"沃博艮湖效应"，就是指自评

---

① 教育部.教育部关于深化高校教师考核评价制度改革的指导意见.2016年.

的分数往往会高于实际应得的分数，所以不同的评价主体参与课堂教学评价都有其优点和局限之处，所以确定多元的考核评价主体参与课堂教学评价是必要的。此外，确立以上四类考核评价主体还能够有效减少多头评价、重复评价，减轻各个部门的工作压力。

3. 评价内容

考核评价的内容、对象、范畴是我们要明确的第三个问题——评什么？评价范畴主要分为"教"和"学"。评价内容按照不同的标准也可有不同的划分，可以根据课堂教学要素或者课堂教学评价对象进行划分。首先我们要对高等院校教师的教学行为进行评价，在考核评价中我们要关注高等院校教师的教学准备、教学目标、教学方法和手段、教材处理、教学组织、教学管理等方面。其次，要评价学生的学习情况，学生的学习情况涵盖的范围较广、内容较多，它包括了学习过程中学生的情况，还有教学活动完成之后学生的情况，对学生学习情况的观察是长期持续的。因此，我们对智力因素的评价是必要的，但情感、意志等非智力因素的评价也是不能忽视的，要注意对此类隐性因素的评价。

4. 评价方法

在确定评价目标和标准之后，到底用什么方法来评价也是值得思考的，这是我们要明确的第四个问题——怎么评？客观且多元的评价方法是高等学校思想政治理论课课堂教学评价科学化、专业化、客观化得以保障的前提条件。

高等学校思想政治理论课是一门特别的课程，所以我们在进行课堂教学评价时既要强调科学的定量评价，也要强调定性评价。除了采用赋值的量化评价外，在此基础上根据相应标准做出判断评价和定性评价。这样可以改善高等学校思想政治理论课课堂教学评价重量化、轻质性评价的现状，保证了思想政治理论课课堂教学评价的整体性和系统性。学生在进行考核评价时要评价教师和教学过程各个方面，同时，不能忘了自我评价，包括自身学习兴趣、学习行为和学习效果等方面。此外，学生之间也要以一定的方式展开互评。高等院校教师同理，不仅要评价自身的教学行为和教学效果，还要对学生进行评价。自我评价和他人评价是相互补充的两种方法。此外还可以把个人评价与团队评价相结合，力求评价方法多元化，保证评价结果的科学性和客观性。

《深化新时代教育评价改革》中提到要探索增值评价，其实质就是教育评价领域当中可持续发展的重要体现。学生在学习后，将所学知识内化往往是需要一段时间的，而形成较为稳定的情感、态度及价值观需要更长的时间。所以我们可以采用相对评价、绝对评价、个体内差异评价等多种评价方式以弥补传统的横向比较的缺陷，最大限度地发挥纵向评价的优势，提升增值评价的合理性。

5.评价指标

考核评价指标是考核评价体系中的重要组成部分，考核评价指标的确立和筛选以及权重的确定分配都对思想政治理论课课堂教学起到重要的调整作用。我们可以将思想政治理论课课堂教学考核评价指标体系看做一个集合，其中的各个指标看做其中的元素。考核评价指标及体系是考核评价工作开展的关键核心，对于思想政治理论课课堂教学评价指标的确定，我们有多种方法，每种方法都有其优势和局限性。思政课课堂教学考核评价指标与其他指标相比有一定的特殊性，它要将思想政治理论课教学目标和考核评价目标中抽象的部分，进行具体的细化。在本书中，作者根据思想政治理论课课堂教学的内涵分析，将考核评价一级指标具体确定为7个，对一级指标具体细化为总共26个二级考核评价指标。指标内容涵盖了课堂教学中高等院校教师的"教"与学生的"学"以及其他过程及结果要素，重点对于学生方面进行了着重强调与突出，以此来体现"以学生为中心"的评价理念。在构建"以学生为中心"的高等学校思想政治理论课课堂教学考核评价指标体系时，对于高等院校教师、学生两个课堂教学重要参与主体都有了较为全面的关注，与之前相比呈现出一些新的要素和观察点。比如对于高等院校教师我们不仅仅观察其课堂教学行为，还要观察其在课堂教学中表现出来的职业道德素质、教学理念、课堂教学管理等方面；对于学生我们不仅仅将学生的成绩视作衡量课堂教学效果的唯一标准，对于学生的学习过程中表现出来的动机、兴趣等较之前更加重视。

（二）意义

教育评价家斯塔佛尔姆强调：评价最重要的意图不是为了证明（prove），而是为了改进（improve）。高等学校思想政治理论课课堂教学考核评价体系有多重意义。

1.微观层面的意义

（1）诊断意义

它是依据一定的评价标准对课堂教学的各个方面做出的科学"诊断"，是发现思想政治理论课课堂教学的"病症"的过程，为破解教学中的"症结"提供诊断依据。一方面，它能够帮助我们掌握思想政治理论课教学效果实现程度如何、发现教学过程中所存在的问题，比如教学方法运用是否恰当，教学目标设定是否合理，教材使用效果是否良好，教学管理是否科学等。另一方面帮助我们了解学生学习态度、学习效果、学业发展水平及教师教学水平等，并且能对思想政治理论课课堂教学质量进行监测。教学评价的作用在于通过评价发现教学过程中存在的问题。教学评价的诊断作用不仅是指通过教学评价发现教学过程中的问题，还包括根据问题找到其成因，进而为下一步课堂教学改进和完善提供依据。

（2）导向意义

考核评价体系是教学目标实现的重要辅助工具。从学生的维度来看，它能够引导学生达到学习目标；对于高等院校教师来说，它为教师的教学工作的开展提供标准，指明方向；从行政管理角度看它能指明下一步工作方向。通过考核评价结果的反馈和利用，指引考核评价对象朝向目标行为的运行及实现，即考核的对象可以在前期依据评价标准对自己的行为做出调整，评价后期根据评价体系所得数据和信息，规范行为，提高工作业务能力，这就是评价体系对于被评价者的导向指引作用。

（3）激励意义

对高等院校教师而言，经过科学的教学评价，一方面高等院校教师会得到充分的肯定和鼓励，从而调动思想政治理论课教师的内在动力；另一方面对高等院校教师产生一定的规范制约。对学生而言，则有利于形成学生之间良好互助的学习氛围，其对于调动学生的主观能动性的发挥以及调动学生自主学习热情有重要激励作用。另外，对考核评价结果不太理想的学生也可以在一定程度上调动学生的斗志，通过考核评价激励被评价者朝更好的方向发展。由此可见，激励作用主要作用在思想政治理论课高等院校教师和学生的身上。

（4）发展意义

该考核评价体系不仅可以诊断教学过程的问题，而且能够肯定和强化先进的教学思想和有效的教学方法，使其得到进一步扩充和提高，同时使存在的问题获得改进，促进师生发展。高等学校思想政治理论课课堂教学评价能够对整个高等学校思想政治理论课课堂教学发挥调控作用，促使高等学校思想政治理论课建设和发展不断完善，促使高等学校思想政治理论课课堂教学评价从经验层面上升到理论层面，充实、丰富了思想政治教育学科基本理论，进而推动了高等学校思想政治理论课教育教学的科学化。

（5）反馈调节意义

课堂教学评价不是一潭死水，而让其不断循环的动力就是其反馈与调节功能。

通过考核评价后得出的信息，可以使师生双方了解掌握"教"与"学"的真实情况。依据考核评价收集整理得到的信息，可以及时了解课堂教学中的不足之处，高等院校教师能够在短时间内"对症下药"，及时调整教学行为，改进教学，更高效的达成教学目标。学生也可以根据反馈信息，了解自身学习情况，积极正面的评价能调动学生的学习动力和热情，还能帮助学生及时发现并调整课堂学习中的不足之处，以获得更好的学习效果和促进自身发展。反馈调节功能是否能够实现，重要的是发现问题的同时能够及时纠正，这既需要思想政治理论课教师的直面问题、自觉及时调整，更需要学生的积极参与和自我调节。

2. 宏观层面的意义

（1）促进师生发展

课堂教学考核评价体系除了能够判断和检验教学目标达成情况，还有非常重要的一点就是通过教学评价能够有效地促进师生的共同进步。高等学校思想政治理论课课堂教学考核评价工作很长一段时间受人诟病，其中很大一部分原因就是没有科学合理的评价理念以及在此基础上建立起来的评价制度和评价体系，从而导致在思想政治理论课课堂教学难以发挥其育人功能，在教学评价中存在有悖于思政课教育教学规律评价标准和师生行为，思想政治理论课课堂教学质量难以保证。

（2）提高思想政治理论课课堂教学质量

课堂教学评价是教育教学当中的一个重要环节，也是必不可少的，它能够改革思想政治理论课课堂教学、创新教学方法、提高思想政治理论课教学质量。通过该考核评价体系的运用，我们可以发现思想政治理论课课堂教学中的薄弱点和症结及问题所在，根据反馈信息及时做出相应调整和改进，进而推动教学目标的实现，促进课堂教学实效性的提升。在实际的高等学校思想政治理论课课堂教学过程当中，高等院校教师教学设计是否合理，教学方法使用是否适用，学生在课堂中的情感状态和学习效果都能通过评价体现和反馈出结果。如果不注重课堂教学考核评价体系的建立健全，或是有不合理的课堂教学评价，则会使高等学校思想政治理论课的育人功能难以发挥，教学质量无法保证。

（3）促进思想政治教育教学改革

课堂教学评价课堂教学改革的重要举措。在教学内容和教学方法方面，要能够处理好课本教材同学生生活实际与生活经验之间的关系，合理安排教学内容。立足于当前的教学方法，将之与新颖的现代教育方法创造性地结合起来，适当地借助现代教育技术，探索出行之有效的教学方法。这要求我们要熟练掌握和运用先进的现代教育理念，还要求运用切合教学改革需要的评价内容、方法和标准体系。相关文件的出台一定程度上使教学评价中关于"教"这一方面应该评价些什么内容提供了参考。综上，合理有效的教学考核评价体系对于变革传统陈旧的教育思想、教学内容和教学方法等有着更新、调整作用，最终为实现高等学校思想政治理论课教学改革提供方向。

（4）落实立德树人教育目标

教育的根本任务是落实立德树人，而思想政治理论课则是落实立德树人根本任务的关键课程。思想政治教育的实质是为了促进个人能够自由、全面、科学、协调发展，最终为社会发展做出贡献，这与教育的根本任务是一致的。习近平总书记强调要坚持把立德树人作为中心环节，并且提倡"三全育人"，努力开创我国高等教育事业发展新局面。高等学校思想政治理论课通过建立和优化课堂教学考核评价体系，有利于指导高等学校思想政治理论课课堂教学改变以往重知识轻情感评价方式，改变传统的课堂教学评价视角主要集中于教学目标是否达成、教学方法是否运用得当等，忽略学生在课堂学习活动中的情绪和状态的状况。通过考核评价标准的设定来慢慢矫正思想政治理论课课堂教学评价中出现的问题，让思想政治理论课课堂教学为根本的教育任务服务。

三、目前考核评价体系的发展

（一）国外考核评价的参考

针对国外的公民教育、国民教育等在各阶段的学校中开始了相关的课程，所以我们可以查找借鉴相关课程的课堂教学评价进行参考。20世纪80年代起，国外的专家学者们开始关注并且研究教育教学评价，对该领域进行了长期深入的探究。

国外学者提出教学评价是课程中的重要组成要素之一，认为教学评价不能仅仅着眼于将结果处理的重点放在学生身上，要去观察衡量判断学习效果是否达到了学习目标，在衡量和判断的过程中去发现、解决问题，最终要为课程与教学的改进而提供服务。之后教育目标分类法的提出为我们评价教育目标提供了一种新的视角，也对课堂教学评价局限于初级认知的状况有所突破和改善，该种分类法推动了教育教学评价的发展。这一时期的课堂教学评价呈现出描述为主的特点，主要通过描述这种方法来对课堂教学中的应然与实然进行客观事实陈述。20世纪

70年代，自然科学得到进一步的发展，教育教学评价领域当中纳入了一些心理学和教育学的研究成果，比如卡尔·罗杰斯的人本主义教育观和罗伯特·加涅（Robert M.Gagné）的学生学习条件理论都为课堂教学评价提供了理论来源。这一时期主要采用质性评价的方法来进行课堂教学评价，在考核评价中更加关注被考核评价对象的感受，也强调人们对于评价过程和结果的认同度。

与国外对比，我国学术界对教学评价的研究起步较晚，所以在高等学校思政育人评价方面我们可以充分借鉴使用国外相关成功经验。近年来，相关部门极度关注与重视高等学校思想政治理论课，建立一个适合我国实际的高等学校思想政治教育评价体系具有深刻远大的意义。思想政治教育教学考核评价之前对学生的评价主要关注点在于学生的学习效果，较少关注学生的课堂表现和情感态度价值观发展等方面。自1978年后开始反思传统的对学生的考核评价方式是否合理，摒弃了以往学生的成绩与学生政治表现挂钩的做法，采用小组鉴定的方案来评定学生政治表现，并且提出二者不可混为一谈。"78方案"注意到了考试、考察的重要性，认为它是教学中的必要环节之一，对于高等院校教师和学生来说都有重要的意义。随着研究的深入，人们慢慢发现以往将对思想政治理论课的考核评价简单理解为对学生学习成绩的测评是片面的，高等院校教师也被纳为考核评价的对象。20世纪80年代以后，对高等院校教师的考核评价采取的是激励与考核相结合的方式，并在全国范围内开展了评优活动，对思想政治理论课课堂教学水平的提高发挥了重要的促进作用。2020年以后，对于思想政治理论课课堂教学的考核评价不断完善，对学生的评价更加符合实际要求，方式更加灵活多样，对高等院校教师的考核评价更加客观、全面、科学。

（二）我国高校思政考核评价体系存在的问题

1. 不科学的教育评价导向

目前存在不科学的教育评价导向，这导致整个评价环境恶化，不利于思想政治理论课课堂教学考核评价活动的开展。

（1）评价目标设定缺乏科学性

评价过程其实就是判断课程与教学计划是否达到，达到何种程度教育目标的过程。目前，我国高校思想政治教育体系评价目标逐步与教学目标大方向上趋于同步，但具体细节部分仍然存在问题。体系考核评价目标的设置虽然对教学目标中的三维目标均有涉及，但事实上对于情感态度价值观方面目标的设置过于宏大，不够细化，难以观测衡量，学生能力培养目标设置方面也存在这样的问题。

此外，评价目标与教学目标之间契合度不高，思想政治教育的根本目的在于培养全面发展的人，而现行的评价目标与教学目标之间不相适应。很多时候，思想政治理论课课课堂教学评价缺乏人本主义理念，主要体现在评价目的趋向功利化。评价主要与评级、评定职称挂钩，无法真正促进师生的发展。我国学者指出，现行高等学校思想政治理论课课堂教学评价无异于评等级，在调动高等院校教师教学和学生学习的兴趣和动力方面是无效的。

实际上结合不同的标准，可以将高等学校思想政治理论课教学目标划分为根本目标与具体目标、总体目标和课程目标以及三维目标（即知识目标、能力目标和价值目标）。其根本目标就是要实现"立德树人"，帮助高等院校的学生树立正确的三观，坚定理想信念。最终的落脚点在人的身上，就是要实现人的自由全面的发展。根本目标又要通过具体的目标得以体现和实现。每一堂思想政治理论课具体课堂教学目标的实现为其根本教学目标的实现奠定了坚实的基础。总体目标概括起来就是要坚定高等院校的学生的理想信念，为学生终身发展奠定基础。当前我国高等学校思想政治理论课开设了五门课程。这五门课程的课程目标是具体的，并且有明确区别和指向。另外一种划分方法是从维度方面入手，将教学目标分为三个维度，即情感态度价值观目标、能力目标、知识目标。

作为思想政治教育工作者要既能掌握思想政治理论课教学目标与考核评价目标的一般性，又能清晰看到二者的特殊性。换言之，就是要求我们认识到其普遍性。与一般的高等学校课程一样，高等学校思想政治理论课教学首先是课程教学，它承担着传播相关理论知识的任务，所以在进行课堂教学评价时必须对知识化目标的达成程度进行判断。对于知识目标，我们历来是较为重视的，之前甚至出现了偏重于知识目标而相对忽略了其他二者的情况。三维目标过多侧重于知识目标，对于学生能力是否提高，情感态度价值观是否养成等方面的评价有所欠缺，这与思想政治理论课课堂教学目标契合度不高。其中，重要前提是知识目标的实现，它为另外目标的实现提供了坚实基础。目前三维目标之间如何实现有效平衡以及抽象的目标如何转化为可以具体有效衡量的指标方面还存在一定问题。

（2）评价价值理念较传统

由于多方因素的制约和影响，高等学校思想政治理论课课堂教学评价的价值理念较为传统。评价大多由学校及高等院校教师来主导，高等院校的学生的评价主体地位不被重视，这些无不受到评价的价值理念影响。纵观我国教育领域，标准化测试是主要的评价手段，评价结果通过具体的数值表现。在思想政治理论课课堂教学评价中也是简单地通过对学生知识掌握程度来判定教学质量，这样传统的重"知"轻"行"的价值理念一直对现行考核评价活动的开展有所影响，这样的评价价值理念与思想政治理论课教学目标的初衷是相割裂的。另外不重视考核评价活动的促进、发展性作用，过分重视其选拔作用。

（3）社会用人导向不科学

社会用人导向会决定学校人才培养的方向。社会用人导向不科学会导致整个社会评价舆论氛围恶化，人们对于人才评价标准以其学校、成绩以及是否有过国外学习经历为标准，这样的标准明显是有所偏颇的。太过于绝对化的人才衡量标准引领着高等学校办学导向，在某些民办学校招生公告中也有所体现，在介绍学校教师时除了教师教学成绩外，会着重突出教师的学历、毕业院校等信息。当前就业竞争激烈，学生就业压力大，受到社会上用人单位不科学的用人导向影响会使高等院校的学生对于思想政治理论课等公共课重视程度不高。

（4）学校评价环境的制约

目前，大多数高等学校评价环境慢慢转好，但不可避免也有一些制约因素。国家各部门及学校党委和各个部门对于教学评价的开展尤为重视。学校各部门和各评价参与者仅仅将思想政治理论课课堂教学考核评价看作是一项终结性的评价工作，评价完之后只进行简单的等级或分数公布，对于之后如何利用评价结果诊断发现思想政治理论课课堂教学问题，促进问题解决等下一步工作的开展没有及时跟进。并且在具体的思想政治理论课课堂教学评价中，教学督导以随机听课的方式进行，每个学期不会进行频繁的听评课，这也让部分思想政治理论课教师将思想政治理论课课堂教学考核评价工作看作是一项应付上级检查的工作。

2. 考核评价体系部分功能弱化

考核评价体系部分功能弱化表现在很多方敏，如诊断、选拔功能部分缺失，导向、激励功能与反馈调节功能弱化。当前对于学生学习效果的检测大多侧重于理论知识的考察，通过死记硬背就可以取得好成绩，缺乏对学生综合能力和素质的评价，考核没有起到应有的促进学生发现问题，及时调整方向的作用。很多学者认为当前高等学校思想政治理论课存在考核主体单一，难以形成合力。以及考核结果轻视，阻碍反馈作用等问题。

首先，诊断、选拔功能部分缺失。一方面考核评价体系的选拔、诊断评价功能能够得到较好发挥，另一方面在一定程度上存在一些负面影响，如抑制了思想政治理论课教师教学的热情，将思想政治理论课对于学生学习效果评价简单地与考试画等号会让学生对于这样的考核评价产生抵触。在以往的考核评价中，考核评价目标的设置和评价指标设定的不科学导致对于高等院校教师和学生的评价是简单的，较为浅显的评价，对于更深层次的、隐性的情感层面和能力层面的考核评价是有所欠缺的。而选拔功能则仅仅体现在评优评先上，且选拔也仅仅是把分数作为基础和依据，这在一定程度上将评价功能作用的发挥变窄。

其次，导向、激励功能弱化。科学合理的课堂教学考核评价体系能够反过来指导课堂教学的开展，对于课堂教学实效性和质量的提高也有重要导向作用。很多时候，要有一定的标准和方向来作为我们开展一项工作的重要指引，考核评价就像"指南针"，为思政课课堂教学改革和发展提供指引。评价结果较好会对师生产生正面的激励作用，评价结果不好也能够让师生产生一定压力及时改进教学和学习。因为在思想政治理论课课堂教学评价中过多的采用结果性评价而不是发展性评价，评价工作一结束就意味着所有教学工作和学习的结束，这使得其导向、激励功能的作用并未得到最大限度的发挥。

最后是反馈调节功能弱化。对于考核评价结果的反馈也存在一些问题，思想政治理论课教师在看到评价结果时看到的是一个整体的分数，各个部分具体的数值难以体现。对于另一重要评价主体——学生来说，调查问卷显示部分学生表示不能及时，甚至不能查看评价结果，这样的考核评价反馈透明度和公开度不高。反馈调节环节是整个考核评价活动的重要组成环节，也为下一步工作的开展提供指引和重要参考，它使得整个课堂教学变成一个有效循环的系统。

3. 评价主体缺位与失位

即使大部分学者都注意到评价高等学校思想政治教育的主体亟须改变，考核评价主体应从单一化转向多元化，但同时还存在考核评价主体缺位失位的问题。

首先，高等院校教师作为其中一个重要的评价主体，其主体地位并未得到体现。作为课堂教学行为的重要实施者和组织者的高等院校教师来说，其考核评价主体地位应当被重视，高等院校思想政治教育教师参与考核评价也不能仅仅将其局限在对学生的考察和评价方面，对于自身教学行为的审视和反思也是十分必要的。对于高等院校教师自评也颇有争议，部分人认为高等院校教师自评缺乏一定的深度和可信度。而且对于高等院校思想政治教育教师来说，以往的考核评价结果作为其绩效工资的重要参考，使得高等院校思想政治教育教师在考核评价中处于一个被动的地位，且各项制度无法保障其合理表达的诉求，致使高等院校思想政治教育教师主观上对于该项考核评价工作的认同度及配合度不高、参与的积极性不强，还会产生一些负面的抵触情绪。其在考核评价中主体性难以发挥，考核评价的激励作用未能最大化发挥。这些都导致高等院校思想政治教育教师将考核评价活动看做一种管理评判活动，这在主观上很大程度地影响高等院校教师参与考核评价的积极性。

学生则因自身原因限制导致对于思想政治教育进行评价时能力有所欠缺。比如说受到传统思想政治理论课教学模式和对其的考核评价主要手段的影响，让学生形成思想政治理论课枯燥，考试只需考前突击就能通过，甚至能取得更好的成绩的错误观念，导致其对思想政治理论课及课堂教学重视程度不够，那对于思想政治理论课的课堂教学评价其自然也是不重视的，在参与评价时有随意性较强，主观色彩浓重的现象。虽然在思想政治理论课教学过程中一直强调要尊重学生的主体地位，但事实上在具体的思想政治理论课课堂教学当中流于形式化和表面化，并未真正做到对学生主体地位的尊重。

即使许多高等学校十分重视学生的评教活动，但事实上学生评教存在着很多的局限性，学生在评价教学时也存在弊端。学生这一群体不一定能准确认识评教的意义，对待评教态度敷衍，这就会导致不能做出客观真实的评价。而且，学生由于受到自身主观条件限制，在参与思想政治理论课课堂教学评价时带有主观色彩甚至随意评价，不能够做到客观公正的评价。部分学生会因为思想政治教育教师要求严格而在评教时故意打低分数，也有学生担心评价后会影响自己的成绩而影响其评价时的客观性。学生对于思想政治理论课课堂教学评价的重要性认识不到位，大部分学生对于参与评价活动主要是受到一些客观因素的影响而不是出于自身意愿。并且多数学生不明白评教的重要意义，学校为了督促学生参与评教就会采取一些相应的措施，比如与选课和查看成绩等挂钩。

此外还缺乏同行教师和教学督导。考核评价作为一项主观性很强的活动，它会受到考核评价主体主观性的限制。同行教师和部分教学督导与思想政治理论课教师同为一所高等学校的教师，打"人情分"的事情时有发生。对同行教师和教学督导来说，其主观上不重视思想政治教育课堂教学考核评价的原因主要就在于考核评价工作基本上是作为一种工作任务被安排到个人身上，教学督导更多地将该项工作视为上级对下级的考察评价，之后收集相关信息为管理活动提供决策参考。除了评价主体各自存在的问题，还存在各主体之间缺乏必要的沟通，难以发挥评价合力的问题。在整个考核评价体系当中各评价主体的地位和评价结果占比问题也未有明确的规定。

除了主观上不重视思想政治理论课课堂教学考核评价，各类评价主体的自身客观考核评价能力和素质方面也存在一些问题。这些问题主要包括不能完全把握思想政治理论课课堂教学和学生思想品德发展规律，对于思想政治理论课堂教学目标特殊性认识不够，以及缺乏考核评价相关知识和能力，评价主体自身评价综合素质有待提高。如部分学校的教学督导是教务或其他部门教师，其并不是思想政治教育相关学科的教师，也不涉及思想政治教育学科相关研究。在调查中发现在开展相关评价活动之前，学校和学院较少会举办相关讲座或培训，大部分只是发通知，评价主体在"如何评价？评价时需要注意些什么问题？"此类问题都未解决的情况下去进行评价，这显然会削弱思想政治理论课课堂教学考核评价结果的权威性，会影响考核评价结果的真实性和科学性。

4. 评价内容与方法难以融合

首先评价内容缺乏系统性。从系统的角度出发，笔者认为对思想政治理论课教学成效的评价不应该强调某一方面的评价，而是要注重整体全方位的评价，要保证考核评价的系统性，但事实上当下在评价过程中却过分强调对高等院校教师教学的评价，未能兼顾到其他要素。这样的评价方式不足以客观公正反映思想政治理论课课堂教学效果。目前评价内容项目不全面、不科学，评价指标不系统的问题比较突出，高等学校思想政治理论课堂教学考核评价体系缺乏系统性。

其次，对于评价方法的选用并不是越多越好，而是要根据具体情况将其有效结合，并不是简单地进行机械化的拼凑使用。量化评价看似是更加客观的评价，但事实上它对于量化数值背后隐藏的复杂现象难以真正体现。过分侧重于某一种考核评价方法是有问题的，我们必须认识到量化评价与质性评价并非是完全对立的评价方法，两者结合更能为高等学校思想政治理论课堂教学考核评价提供更加全面的评价方法。当前采用的考核评价主要手段主要有以下几种：针对思想政治教育课学生多、范围广的特点，学生参与思想政治理论课课堂教学考核评价主要是采取网络评教的主要手段来进行的；针对同行高等院校教师及教学督导一般就是进入课堂，使用学校的课堂评价量表对听课效果进行反馈。以上所说的这两种方法适用性相对较高，但事实上评价效果相对一般，对于思想政治理论课课堂教学的真实情况难以全面反映。对于学生学习方面的评价，主要由考试或考核分数来决定，这样的评价主要手段过于简单化难以体现复杂的学生学习情况和效果。对于学生的考核评价往往是通过最终的简单的数字成绩来体现。对于学生的学习过程的评价一般由三个部分构成：学生平时课堂表现、期中考核和学生互评，这在一定程度上体现了过程性评价，但事实上这些对学生考核评价的方式不能够较好地满足过程性评价的要求，相较以往已在一定程度上有所创新，但还需要进一步创新融合各种考核评价方法。

可见，当前的思想政治理论课课堂教学评价仍然沿用传统的打分、评级、考试考核和评价意见等方式开展，这些评价方法在过去我国高等学校思想政治教育考核评价活动的象性和复杂性决定了我们必须创新运用新的评价方式和方法，目前评价方法创新研究和具体实践不够深入。这样一些简单的量化和质性评价并不能很好地对思想政治教育课课堂教学效果和学生学习效果及其他非智力因素进行全面的反映。因此，我们必须创新运用新的评价方法，削弱传统评价主要方法的不良影响。在评价中偏重于采用他人评价的方式，还有各个高等学校广泛采用网络评价的方式，这使得评价方式僵化，缺乏灵活性。通过网络参与思想政治理论课课堂教学评价优势是评价涉及范围广，方便快捷并且易于分析考核评价结果，局限在于评价深度不够。部分学校以期中期末座谈会的方式作为补充，这便于具体深入了解思想政治理论课课堂教学中存在的、无法通过具体量化分数表现的问题，局限在于参加座谈会的人数较少，只具有一定的代表性。

总结评价方法问题，不外乎两点：适用度低和创新运用度不够。21世纪初期，在高等学校思想政治理论课评价过程中，我们从国外借鉴了包括档案袋评价方法、表现性评价方法等相对理论性强、难度性大的方法。对于国外优秀成果借鉴学习是获得快速发展的一个重要途径，但事实上要想合理运用和掌握这些"舶来品"，这对于评价主体自身评价素质要求极高。我们不能完全照搬其在国外具体实践中的做法，必须根据我国高等学校思想政治教育课教学特点进行相应的调整和改变。由于多个因素影响，评价主体与评价方法之间存在脱节现象。我们不能盲目照抄、照搬国外的考核评价方法，必须考虑我国高等学校思想政治理论课课堂教学考核评价的特殊性，对于各类方法的学习借鉴也要做出适当的调整和改进，要让这些方法能够发挥最大化的功效。对于新的考核评价方法不仅仅是内容形式上的改变创新，其中更是蕴含了评价理念。部分教师受到自身评价素养影响，会造成其无法理解和驾驭新的评价方法，无法最大地发挥评价方法的功用。

进入新世纪之后，我国思想政治理论课课程设置、课时规定、教材内容都发生过一些调整，这势必对高等学校思想政治理论课课堂教学的开展产生影响，那么对于其考核评价标准和主要手段方法也应做出调整。一些传统的评价方法难以适应这种快速变化，变得不太适用。

5. 评价标准与指标缺乏针对性

高等学校思想政治理论课存在定性评价与定量评价难以融合及少量评价指标

陈旧失衡的问题。另外，学者们在研究中指出当前高等学校思想政治理论课课堂教学考核评价指标的筛选、权重确定存在较多问题。

首先，目前我们大多采用"从上到下"的制定思想政治理论课堂教学考核评价标准的模式，即从管理者的角度出发来制定相关的评价标准，对于专家和一线高等院校教师意见的听取及采纳不够。考核评价标准过多侧重于高等院校教师方面，学生的学习态度、行为方面涉及较少。另外，在学生参与的评价活动当中，部分学生表示其学校所使用的思想政治教育评价标准和其他通识课或专业课使用的标准并无区别，这样一来思想政治教育教学评价目标的特殊性难以体现。

其次，考核评价指标的具体性和教学目标的抽象性之间存在矛盾，解决双方的矛盾是我们开展考核评价工作的必要保证。考核评价指标其实就是教学目标细化之后，可以测量的观测点，是为了方便我们去做价值判断的。所以说考核评价指标必须是具体的、清晰的、可观可测的。但事实上目前某些考核评价指标内涵不够清晰，不便于评价者使用，且评价指标之间有重叠重复。另外，评价指标中大多只能体现学生知识掌握程度，对于学生的创新能力、实践能力及情感态度方面的指标缺失。部分评价指标缺乏时代性，陈旧失衡。

6. 评价制度方面不完善

一定的制度和规则能够保证高等学校思想政治理论课课堂教学评价活动的有序开展，所以高等学校思想政治理论课课堂教学评价的开展必须按照相关的制度和规则进行。一个好的制度的建立对于高等学校思想政治理论课课堂教学考核评价工作的开展是有相当大的保障和促进作用的。

（1）元评价制度不完善

元评价在英文中表述为"meta-evaluation"，简单来说就是对"评价"的评价——再评价。学校相关部门对于评价活动主要关注教学督导和同行教师是否完成每个学期规定的听评课次数，学生是否完成相关的评价活动，是否开展了相关的座谈会等，高等学校思想政治理论课课堂教学评价的评价过于简单，较为形式化。这难以满足对思想政治理论课课堂教学考核评价工作的规范化、标准化建设的要求。在我国，这一部分的理论研究相对薄弱，并且实践当中对这一方面的工作有所欠缺，亟须加强。

（2）申诉和监督制度不健全

评价活动实施完成后，当学生和高等院校教师对评价结果存在异议或是疑虑时，鲜少有相关的申诉制度保障其合理的利益，这样造成了上下信息沟通不畅，对于整个高等学校思想政治理论课课堂教学考核评价体系的完善来说不利。特别是针对高等院校思想政治教育教师的教学评价，学生作为思想政治教育教师考核评价的重要主体，其评价受到学校的高度重视，但事实上在具体评价过程中学生会受到主客观因素的影响而无法做出客观公正的评价，如果相关的申诉制度不健全就无法保障思想政治理论课教师的合理利益。以往学生被当作教学管理对象和考核评价对象进行单方面的教学管理，学生无法反馈自身需求和想法，申诉制度的建立对于学生来说，则是拥有了一个重要的渠道去合理充分地表达其诉求。建立健全相关的申诉制度对于提高思想政治教育教学评价的公正性发挥着重要作用，有效地保障了高等院校思想政治教育教师、学生两个被评价对象在评价活动中的知情权和参与权。

监督制度，旨在监督高等学校思想政治理论课课堂教学评价相关部门及主体在评价活动中遵守相关规定，按照相关制度和规定开展思想政治教育教学考核评价活动。目前的监督活动大多在学校内部进行，监督者和被监督对象之间存在一定的隶属关系，评价主体和评价对象的重叠导致部分人对于思想政治教育教学评价结果的客观性和公正性产生怀疑，虽在理论上对于引进社会或其他第三方机构做出过论证，但实际上仍然未能有效解决监督方面的问题。

（3）公示、问责制度不完善

公示制度建立的初衷是为了公开考核评价结果，另外让考核评价结果公开化、透明化，也对监督制度起到一定的辅助作用。通过调查问卷得知，当前存在考核评价结果反馈不及时、不透明的问题，高等学校思想政治教育教学评价结果大多只向思想政治理论课高等院校教师公布，参与评价的学生很难能看到考核评价结果，相关公示部门并未充分考虑到学生这一利益主体。公示时需要注意的事项等因素也应该被充分考虑。

问责就是追究责任的意思，对于高等学校思想政治教育教学评价中不履行评价责任、推脱评价责任的相关人员要有相应的整顿措施。涉及多个部门、多个主体的高等学校思想政治教育教学评价必须对责任进行明确的划分，以避免出现各部门、各主体之间出现责任"空白区"。和其他学科课程评价一样，在思想政治理论课课堂教学的评价活动中会出现相互推诿，不作为的现象，也会存在高等学校思想政治理论课课堂教学评价理念、政策贯彻执行力不够的现象。出现此等现象必然会对思想政治教育教学评价活动效果产生影响,评价结果也会和实际情况大相径庭。

7. 评价结果失真

价值判断结果是否客观、科学主要取决于评价目标、评价标准、评价指标的确定,在很大程度上还取决于评价主体自身的素质。

有学者指出高等学校思想政治教育教学效果的评价是一个复杂的系统工程,由于评价标准模糊、受评价主体主观因素的干扰等多方面的影响会导致评价结果缺乏权威性。目前,高等学校思想政治理论课教学评价结果受到评价者主观性和随意性以及对评价知识、方法技能掌握不到位等方面的影响,导致评价结果缺乏权威性。

故评价主体在参与评价时要掌握一定的评价知识和评价能力,具备一定的评价素养,并且掌握对高等学校思想政治教育教学的一般规律,熟悉学生思想品德发展特殊规律。不可否认,思想政治教育教学评价越来越规范化和标准化,考核评价主体和客体的综合素质也不断提高,但仍然不可避免地会受到各方因素影响。

我们要辩证地看待当前的高等学校思想政治教育教学考核评价及其体系,它虽然存在一定的问题,但不能否认它为思想政治教育教学规范发展起到过非常重要的积极作用。

第二节 高等学校思想政治教育评价体系建设

一、思政评价体系建设方向

很多学者对高等学校思想政治教育评价体系的建设提出了自己的建议,这些建议对于高等学校思想政治教育评价体系建设方向具有重要的参考价值,主要包括以下几点。

第一,创新评价理念。万雪黎在其文章中就评价理念对于整个考核评价活动的重要作用做出了相关论述,并且提出服务性、发展性、协调性的评价理念[1]。另外有学者指出要重新树立一种新的教育质量观。

---

[1] 万雪黎.思想政治教育评价机制的运行过程 [J].知音励志,2016(05):45-46.

第二，优化评价目标和方法。高校需要进一步明确思想政治理论课教学评价的目标，认识到教学目标是教学质量评价的前提和起点。对于整个高等学校思想政治理论课课堂教学评价活动来说，其中非常重要且不容忽视的一个点就是必须要对整个活动的目的进一步明确，这为之后考核评价工作的开展奠定了一个总体的基调。教育教学评价理论逐步成熟并继续向前发展，其中有一部分内容是关于考核评价方法的创新融合发展。针对考核评价工作现实需要，考核评价方法并不是单一且一成不变的，它是多样化且不断变化的。

第三，构建多元评价主体。针对当前评价主体模糊的现状，高校要以开放的视野来明确评价主体，要纳入社会用人单位评价以打破"自我封闭"的评价。不仅要合理选择评价主体，并且要明确不同主体在评价中的地位。

第四，完善评价指标体系。评价指标的设计要科学系统，评价指标体系要全面。我们要完善高等学校思想政治理论课的多维评价体系，评价指标要突出学生的主体地位、强调高等院校教师的主导地位并考虑教学条件。我国相关学者从选取评价指标入手，选取筛选了高等学校思想政治理论课教学评价的指标，再从教学过程和教学效果两个方面确定指标体系，并论述了各级指标体系之间的逻辑关系。

第五，进行元评价。元评价即对高等学校思想政治教育教学考核评价的评价，科学合理的考核评价体系会对高等学校思想政治理论课教学实效性提升产生积极正面的促进作用，反之则会起到消极负面的作用。

可以说在以量化考核为标准的"一刀切"评价体系中，片面追求标准答案权威下的高分数，导致学习信息的获得不是主动选择的结果，忽视了学习过程中情感、思想、技能的多维进步。在社团活动中，受管理体制的束缚，学生自身的兴趣和需要得不到充分满足，不利于培养学生的组织、协调、创新能力和充分发挥其作为主体的主观能动性。为此，我们在建设高等学校思政育人体系的时候，可以从以上方面入手，进行具体的实践探索。

二、科学评价体系的建设方法

（一）从评价机制方面入手

科学的评价机制能够通过对执行过程和执行结果的评估、总结，给予系统以正向反馈，从而得出改进策略、方法以促进系统升级完善，推动系统的健康可持续运行。比如，中国人民大学在本科人才培养过程中，设计制定了以学生成长阶段为线的学生课外综合管理评价系统。北京林业大学通过实施"青蓝计划"强化评价激励机制，对思想政治教育育人过程、质量效果和学生的获得感三个维度进行综合考评、立体分析，以此提升教职工人才培养能力。

通过评价结果的展现、反馈，从中了解体系自身现存的不足并加以改进，是实现建构长效全方位育人体系的必由之路。具体从受体对象的角度划分，高等学校思想政治教育育人体系的评价体系可分为对学生学习效果的评价和对高等院校教师教学效果的评价。

首先，针对学生学习效果的评价。思想政治教育具有阶级性、政治性，其最为根本的问题和关键是如何把思想政治教育工作的内容由外在规定转变为学生的内在需求。打破以往以定量考试成绩为定性标准的错误导向，第一要创新评价方法。将静态考试成绩与学生成长的阶段性动态变化相结合，将重点放在非认知领域，以课程成绩为核心，利用调查研讨、专题作业、时间观察等多种方式为辅助，对学生进行全面评价。第二，要拓展评价内容。将生硬的理论知识与开放性的实践应用相结合，以启发联想代替死记硬背、生搬硬套，实现学生学习由认知向认同、由他律向自律的转化。

其次，针对高等院校教师教学效果的评价。第一，在院系评价工作中，务必要制定量化的具体指标，尽可能地消除评价时的主观色彩，提高客观性，将高等院校教师在课程、科研、实践、文化、网络、心理、管理、服务、资助、组织等方面工作完成与落实情况纳入评价指标之中，对全方位育人体系的落实情况进行检验。第二，动员学生的主体性力量，高等学校要将每一个班级作为一个单位，以学生为评价主体，以高等院校教师工作为对象来进行评价。同时，为了确保学生对高等院校教师评价结果的公正、公平性，学校可以采用匿名投票和网络投票相结合的主要手段来组织评价活动，并且将两种评价的结果进行横向对比，更加客观地获取最终的评价结果。

（二）注重育人体系中的激励

激励机制是指以人的需要为出发点，运用一定方式提升主体在追求既定目标时的主观意愿程度，从而调动自身的能动性、主动性和创造性，并生成与之对应的积极行为，是促使主体发挥潜能、提高工作效率的重要手段。贵州财经大学在强化顶层设计，推动教学改革的过程中，针对不同层级标准的高等院校教师给予相应标准的薪酬，形成了"5+1"模式的激励机制来提升高等院校教师参与积极性，初步形成了教改成果数量多、优良率高的格局。

高等学校思想政治育人体系中所内含的主体多元，主体诉求多样，要求设计高效、生动、稳固的激励办法，加强对思想政治教育内容的内化吸收，大幅度增强思想政治育人体系的内生动力。在高等学校思政育人体系中改进激励办法，首先要注重对育人主体多重需要的激励。思想政治教育工作不是功利性的社会活动，不以经济效益和物质利益的获取为最终目的，因此，在激励过程中，也不应单纯地以物质激励为主线，还要从主体的精神需求入手，在人格和思想上引导主体全面地占有自己的社会关系，在实现自身价值和能力突破的过程中产生自豪感、成就感和满足感。其次，创新激励的方式与方法。时代环境和人的思想观念都处在不断地发展变化之中，激励办法的运用要与之相适应，在适应中寻求超越，在继承传统榜样示范、物质奖惩的同时，要发展和创新实践锻炼、情感体验等激励因素，充分结合网络新媒体生动形象地表现激励内容，提升激励水平。

（三）针对教学质量加强监督

思想政治教育育人工作在实践中的落实与执行不能仅仅依靠育人主体的自觉性，更为重要的是要对工作的实施过程进行实时审视与监督。通过适当的监督，利用纪检监察部门的监督作用，强化制度执行力。在高等学校全方位思想政治教育育人体系的构建中，加强对高等学校思想政治教育教学质量的监督。

首先，要强化高等学校思想政治教育工作的监管责任体系。主要是要明确从中央到地方、从高等学校到院系，再到组织部门的每一个环节中，各个主体部门所承担的责任，只有将责任进行明确清晰的划分，才能够明确监管工作的主要任务，才能确保在未履行责任的情况发生之后能够及时向动作主体予以检举和提醒。其次，要整合校内、校外两方的监督资源，推进监督机制常态化。其中校内监督指的是在高等学校要创建完善的自我监督体系，设置专门的思想政治教育育人监督部门，制定完备的思想政治教育工作质量检查与监督工作制度，学年初向各个部门下发学校所制定的年度思想政治教育工作制度，在学年后则要对完成情况进行检查与纠正，并且在学年中组织不定期的抽查，以引起学校全体教职工对思想政治教育工作的充分重视。校外监督主要是由高等学校所在地的纪委来进行教学外部的监督，增加学校履行思政育人职责的主动与积极性。

可以说，对于新时代高校思政育人体系，本书进行了以上的详细论述，具有一定的实际意义。我们应该看到，从中华人民共和国成立以来的中国社会意识形态和社会主义发展经验来说，开展思想政治理论课不仅是有着重要意义的，而且是维护国家安全和稳定的重要组成部分。从国家发展的角度来看，外国的敌对势力始终对中国虎视眈眈，他们往往通过迷惑性的言语煽动民众，混淆视听，并试图制造社会动荡，以实现其不可告人的目的。企图动摇马克思主义在中国主流意识形态的主导地位，所以，中国必须坚定社会主义核心价值观，坚持社会主义理论的指导地位。从个人角度看，如果没有思想政治理论课的指导，一些人或许就会在生活中误入歧途。学生在进入了大学之后，价值观、人生观已经差不多形成。而大学的思想政治理论课就像是树木正在成长时所必须进行修建的行为。学习思想政治理论课的目的并不在于为了考试，而是为了纠正学生所存在的错误。高等院校的学生是即将踏入社会的一批知识力量，思想政治理论课的存在可以让高等院校的学生更好地面对社会问题。

我们应该认识到只要好建设思想政治育人体系，就可以促使大学生形成强烈的爱国精神，让社会主义核心价值观融入高等院校的学生今后的发展中，这对于学生的发展是十分有利的。爱国主义是民族精神的核心以及社会主义核心价值体系的重要支撑，着力于研究如何培养新时代大学生群体以爱国主义为核心的民族精神和提升新时代青年的国家与民族自豪感，对增强中华民族凝聚力和铸牢中华民族共同体意识具有深远的意义。新时代下，爱国主义精神深深植根于中华民族心中，是中华民族的精神基因，维系着华夏大地上各个民族的团结统一，激励着一代又一代中华儿女为祖国发展繁荣而不懈奋斗。新时代青年作为国家的希望和民族的脊梁，肩负着建设社会主义现代化强国和实现中华民族伟大复兴中国梦的历史使命。新时代青年正处于全民族勠力同心实现中华民族伟大复兴中国梦的历史浪潮中，青年大学生的爱国主义意识观念直接影响新时代青年对中国特色社会主义道路自信、理论自信、制度自信和文化自信。总之，在奋力实现中华民族伟大复兴的关键进程中，对全民族尤其是新时代青年大学生中深入开展爱国主义教育具有极其深远的意义。

思想政治教育育人工作成效关乎高等学校学生人格的健全和全面发展，对于我国的发展也有着至关重要的作用。在新时代，构建内涵、目标、过程等都全面丰富的高等学校思想政治育人理论体系是应对世情国情对高等学校人才培养提出的新要求，是立足国家政策文件和高等学校实践，推进高等学校思想政治育人工作一体化发展的必由之路，是提高我国高等学校人才培养素质、完善高等学校人才培养体系、提高社会主义高等学校的国际影响力的有力手段。

作为新时代的思想教育政治教育者，应该注重思想教育在新时代的新发展，尤其要不断从大的方面出发，特别是要充分保证好高校思政育人理论体系的有效建立，发挥好高校教育的育人作用，为当代大学生的发展奠定良好的基础，促使当代高校大学生在新时代具备坚实的、正确的思想基础，以此让学生能够更好地面对今后的工作和生活，为我国社会主义现代化建设贡献出自己的力量。

只有这样，我们祖国的未来，我们民族的未来，才能得到充分的保证。不管是作为新时代的教育者还是受教育者，都需要从自身的实际出发，充分将思想政治工作作为重中之重，以此保证社会主义建设方向的稳步推进，从而促使中华人民共和国、中华民族得到更好的发展。

参考文献

[1] 苏醒.新时代高校网络育人体系构建研究[J].黄山学院学报,2019,21(02):88-91.

[2] 王丽娟.以"课程思政"为抓手,构建"纵向推进,横向融合"的立体协同育人体系[J].绵阳师范学院学报,2019,38(07):41-44+50.

[3] 丁宏,寇玉达.新思政观引领下的高校"一体化"心理育人体系构建研究[J].黑龙江教育(理论与实践),2019(Z2):59-61.

[4] 李丽,周广,臧欣昱.创新高校第二课堂育人体系的实践探索[J].思想政治教育研究,2019,35(04):112-116.

[5] 覃武云,冯艳琼.同向同行:高职课程思政探索与实践[J].鄂州大学学报,2019,26(05):74-75+92.

[6] 万力.高校"课程思政"研究与实践的四维综述[J].西昌学院学报(社会科学版),2019,31(04):49-53+108.

[7] 李建."双一流"建设背景下大学生思想政治教育全方位协同育人研究[J].黑龙江教师发展学院学报,2020,39(03):91-93.

[8] 曹鑫海.构建民办高校"三位一体"课程思政育人体系研究[J].教育教学论坛,2020(06):32-33.

[9] 郭华,张明海.高校"课程思政"协同育人体系构建研究[J].当代教育理论与实践,2020,12(01):5-10.

[10] 池晶,杨宇龙,王子琪."课程思政"视域下高校社会主义核心价值观育人体系构建研究[J].当代教育实践与教学研究,2020(06):225-226.

[11] 杨莎.师范类专业"思政课"课程育人体系构建的探索[J].科教文汇(上旬刊),2020(05):53-54.

[12] 徐婧雯,于浩.新时代高职院校思想政治教育实践育人创新模式研究[J].湖北开放职业学院学报,2020,33(05):101-103.

[13] 李东海,王泽燊.健体育魂,突出特色:融合学科特点的高校二级学院体育思政育人体系构建探究[J].科技风,2020(17):46-47.

[14] 苏航,赵晓冬.院系两级协同构建高校"一二三四"式"三全育人"体系——以长春工业大学人文信息学院商贸系为例[J].知识经济,2020(16):146-147.

[15] 高峰,陆玲.高校"思政课程"与"课程思政"协同育人的路径探索[J].

山东农业工程学院学报，2020，37（06）：178-180.

[16] 胡元惠.大学英语"课程思政"育人体系路径探析[J].科教导刊（中旬刊），2020（20）：79-81.

[17] 杨日晨.高校传统文化实践育人体系构建探索[J].湖北开放职业学院学报，2020，33（14）：70-71.

[18] 毛剑，岳金霞，赵放辉.新工科背景下高校思想政治工作"三全育人"体系构建[J].学校党建与思想教育，2020（20）：73-74+77.

[19] 孙志强，孙斌.地方应用型院校"课程思政"育人体系研究[J].教育理论与实践，2020，40（24）：28-30.

[20] 李婷婷，李宏新，段树斌.基于OBE教育理念下的高职院校思想政治教育实践育人体系研究[J].国际公关，2020（10）：68-69.

[21] 丁杰.关于"红色金融"育人体系构建的思考[J].福建金融管理干部学院学报，2020（03）：55-59.

[22] 王志建，张枫.高校"三全育人"体系的构建[J].齐齐哈尔大学学报（哲学社会科学版），2020（11）：143-146+158.

[23] 梁倩蓉,叶开,谢应东.新时代高校"三全育人"与新媒体融合平台探索——以"广外思政学时"微信小程序应用为例[J].浙江理工大学学报（社会科学版），2020，44（06）：690-696.

[24] 严伶俐，马丽，梁俊."互联网+"高职院校网络思政育人体系探究[J].现代交际，2020（23）：31-33.

[25] 李娟.高校思政教育合力育人体系的构建[J].人才资源开发，2021（05）：44-45.

[26] 吕宁.高校"思政课程"与"课程思政"协同育人的思路探析[J].大学教育，2018（01）：122-124.

[27] 杨涵.从"思政课程"到"课程思政"——论上海高校思想政治理论课改革的切入点[J].扬州大学学报（高教研究版），2018，22（02）：98-104.

[28] 曹良韬，吴春莺.构建高校思政网络育人体系研究[J].知与行，2018（04）：84-88.

[29] 白雪源，韩春红，沈晔.全员、全过程、全方位育人的平台和机制建设研究[J].思想政治课研究，2018（03）：6-10.

[30] 安进同，崔旭民."四位一体"特色育人体系的构建——以山西交通职业技术学院为例[J].教育理论与实践，2018，38（30）：29-31.